tudo tem
uma razão
de ser

SUZANE NORTHROP

TUDO TEM UMA RAZÃO DE SER

Lições do Mundo Espiritual
sobre amor, karma,
livre-arbítrio e outras
questões da alma

Tradução
Denise de C. Rocha Delela

Editora
Pensamento
SÃO PAULO

Título original: *Everything Happens for a Reason.*

Copyright © 2004 Suzane Northrop.

Publicado pela primeira vez em inglês por Northstar 2 LLC P.O. Box 870 Nova York NY 10024 USA

Coordenação Editorial: Denise de C. Rocha Delela e Roseli de Sousa Ferraz

Revisão: Indiara Faria Kayo

Dados Internacionais de Catalogação na Publicação (CIP)
(Câmara Brasileira do Livro, SP, Brasil)

Northrop, Suzane
    Tudo tem uma razão de ser : lições do mundo espiritual sobre amor, karma, livre-arbítrio e outras questões da alma / Suzane Northrop; tradução Denise de C. Rocha Delela. – São Paulo : Pensamento, 2010.

    Título original: Everything happens for a reason.

    ISBN 978-85-315-1703-7

    1. Alma 2. Cura pela fé 3. Espiritismo 4. Espiritualidade 5. Médiuns I. Título.

10-12872   CDD-133.91

Índices para catálogo sistemático:
1. Prática mediúnica : Epiritismo   133.91

O primeiro número à esquerda indica a edição, ou reedição, desta obra. A primeira dezena à direita indica o ano em que esta edição, ou reedição, foi publicada.

Edição	Ano
1-2-3-4-5-6-7-8-9-10-11	11-12-13-14-15-16-17-18

Direitos de tradução para o Brasil
adquiridos com exclusividade pela
EDITORA PENSAMENTO-CULTRIX LTDA.
Rua Dr. Mário Vicente, 368 — 04270-000 — São Paulo, SP
Fone: 2066-9000 — Fax: 2066-9008
E-mail: pensamento@cultrix.com.br
http://www.pensamento-cultrix.com.br
que se reserva a propriedade literária desta tradução.
Foi feito o depósito legal.

Dedico este livro a Hazel Katherine Watson e Dorothy E. Edison, minhas queridas avós.

Sumário

Prefácio

Existe um espetáculo maior do que o mar,
que é o céu;
Existe um espetáculo maior do que o céu,
que é o interior da alma.

— Victor Hugo

Seja a repetição de padrões que nos mantêm num curso desfavorável ou as escolhas que nos fazem tomar uma direção produtiva, seja a vontade de compreender a razão por que certas coisas acontecem ou a luta para resolver questões de amor e perda – praticamente tudo o que ocorre para desafiar, apoiar ou simplesmente mudar a maneira como vivemos a vida tem uma razão de ser. E a razão, embora possa não ficar imediatamente clara para nós, na maioria das vezes tem ligação com a lição, ou lições, de que a nossa alma precisa para alcançar o estágio seguinte de desenvolvimento espiritual.

Como seres humanos, sempre quisemos saber as respostas para as nossas perguntas sobre a vida e a morte: Deus existe? Por que a vida é repleta de caos e sofrimento? Como posso conquistar uma satisfação contínua na vida? Por que estamos neste planeta, afinal de contas? Existe de fato vida após a morte? Até o dia de hoje, a morte tem sido o "Grande Mistério".

Todos nós passaremos pela experiência de perder um ente querido em algum momento da vida; isso é inevitável. E a natureza dessa perda – quando ela ocorre, quem perdemos, como era o nosso relacionamento com essa pessoa em vida e como encaramos essa perda – determinará a natureza da nossa dor e quanto tempo durará o nosso luto. Superar a perda de um ente querido é sempre uma lição em si mesma, e às vezes é uma lição que pode nos ajudar a despertar para o significado de muitos outros aspectos da nossa vida. Aqueles que fizeram a passagem, que neste livro chamaremos carinhosamente de DSs (uma abreviação de desencarnados), colocam-se à disposição para nos ajudar, enviando mensagens de amor e apoio a partir do outro lado. Mas o que fazemos com essas mensagens é responsabilidade nossa. A todo momento nos descobrimos num ponto em que temos que fazer uma escolha na vida. Ainda temos livre-arbítrio e o poder de escolha.

A missão da nossa alma ao encarnar numa forma humana é se elevar até um nível espiritual superior. Portanto, recebemos o dom divino do livre-arbítrio quando nascemos aqui na Terra para mudar os nossos hábitos e expandir a compreensão do nosso eu espiritual. A tentativa de viver a vida de maneira responsável talvez seja a tarefa mais difícil de todas. Tornamo-nos mestres em nos desviar dela assumindo causas, buscando uma nova filosofia ou tentando mudar o mundo em vez de simplesmente mergulharmos dentro de nós e tentarmos mudar interiormente. É muito fácil delegar a outra pessoa, seja um ente querido, um professor ou guru, a responsabilidade de aprender as Lições Anímicas do amor incondicional, da compaixão, da compreensão, da paciência e do perdão.

Não se engane: aqueles que fazem parte da sua vida atualmente ou que fizeram no passado foram atraídos até você, ou você até eles, para aprender alguma lição. Eu gostaria que você entendesse, como eu entendi, que coincidências não existem. Estamos todos aqui por alguma razão. Não estamos aqui graças a um aleatório jogo de dados do Universo. Todos nós fazemos parte de uma das maiores "escolas espirituais" oferecidas para a evolução da Alma. E com isso em mente, qualquer pessoa ou situação – seja ela difícil, confusa, alegre ou edificante – adquire um significado. Talvez não saibamos que significado é esse hoje, amanhã ou durante uma década. Tudo o que temos que saber agora é que, seja o que for que passemos, há um motivo para isso. Tenha a certeza de que, a certa altura, sempre surgirá uma oportunidade para compreendermos o significado dessas situações, o que pode demorar algum tempo.

Neste livro, trataremos de como as escolhas que fazemos – antes de nascer, ao longo da vida e depois da morte – afetam não só a nossa própria vida como a daqueles que amamos. Vou explicar como diferentes tipos de morte podem influenciar a vida daqueles que ficaram na Terra e como os DSs e os vivos podem ajudar uns aos outros a superar a perda e seguir em frente. Vou debater as maneiras pelas quais as pessoas que sofreram perdas semelhantes – de um filho, um irmão, um dos pais ou um amigo querido por doença, suicídio, tragédias, acidentes ou causas naturais – parecem se unir, em busca de apoio e aprendizado, graças a um laço psíquico que tenho percebido constantemente em meus cursos e sessões. E para ilustrar os meus conceitos, também contarei histórias pessoais que algumas pessoas me permitiram bondosamente compartilhar, sobre mensagens de cura dos DSs.

Espero que, ao ler este livro, você possa adquirir uma compreensão mais ampla da vida e da morte – da Vida após a Morte – e do modo como cada alma cria o seu próprio programa de aprendizado de algumas disciplinas-chave. Que você realmente se convença de que o amor nunca acaba. Que você descubra que a energia dos seus entes queridos nunca tem fim e permanece com você para apoiá-lo na *sua* jornada espiritual. Essa energia só muda de aparência. Depois que compreender o Programa Anímico descrito nas próximas páginas, espero que você termine esta leitura com mais paz no coração, ciente de que tudo o que acontece na vida de cada alma, seja neste plano ou no próximo, tem uma razão de ser, e existe para ajudar essa alma a concluir seu programa exclusivo de aprendizado. E, no cerne desse programa, está *sempre* o poder do amor.

Ouvi dizer em algum lugar que a morte é o único momento em que paramos de morrer. Não apenas sei que isso é verdade, como passei a compreender essa verdade. Morrer neste plano da vida só significa que concluímos o que viemos fazer aqui *neste* corpo; nesta forma, neste período de tempo. A Alma não tem início nem fim. Ela tem só um acúmulo de experiências. É uma jornada contínua de evolução. A Alma atua como a nossa admirável consciência, o nosso corpo espiritual, a nossa essência invisível – aquela parte eterna de nós que anseia por projetar amor, sabedoria, zelo, compaixão, paz e cura.

Todos temos um Programa Anímico e os DSs nos ajudam a cumprir esse programa. O amor sobrevive à morte. O amor nunca acaba – especialmente o amor profundo. É nessa atmosfera de amor que os DSs querem entrar em contato conosco e nos dar apoio. A morte é só uma parte do drama cósmico. Será que não está na hora de você tomar conhecimento do que o seu Programa Anímico pode começar a ensiná-lo, como conector supremo entre o seu eu humano e o Universo?

Muitas bênçãos,

Suzane

Agradecimentos

Meus respeitosos agradecimentos a todos os que me concederam o privilégio e a honra de me conectar com entes queridos falecidos, e a todos vocês que compartilharam tão generosamente as suas histórias pessoais. Vocês são os heróis que se levantam toda manhã, com força e coragem, para enfrentar a perda que sofreram. Tenho um profundo respeito por todos vocês que seguiram adiante na jornada da vida.

Gostaria de agradecer à minha família e aos amigos, que sempre me apoiaram. Cito aqui apenas alguns: Sheri Cohen, Libby Jordan, Richard Hein, Faith Busby, Terry e James Platz, Thomas Braccaneri, Ray Preisler, Cindy Northrop, Dennis McMahon, Eileen Kreiger, Denise Goldberg, Eleanor Honick Skoller, Bobby Four, Tony Fusco, Dennis Assinos, Toni Moore, Billy Degan e John Holland.

Tive a honra de receber o apoio e trabalhar com alguns dos melhores profissionais de rádio e TV: Gary Craig, da WTIC, esteve ao meu lado desde o começo, e Bob Wolf, da WPIX, arriscou-se durante o 11 de setembro para me ajudar em meu trabalho. Também quero agradecer a Steven Harper, Matty Seigel e Robin King. Meu reconhecimento vai igualmente para várias pessoas maravilhosas que encontrei em todas as cidades para as quais viajei e que demonstraram generoso reconhecimento ao meu trabalho.

Também há aqueles que vêm à Terra com a missão de dar um passo à frente, se não mais, para fazer algo de bom pelo mundo – essas pessoas se arriscaram para provocar uma mudança ou crescimento positivo neste mundo. Esse grupo de pessoas trilha com bravura um caminho em geral capaz de pôr em risco a sua reputação, expô-las ao ridículo e provocar comentários que questionam a sua sanidade. Eu sou pessoalmente grata àqueles com quem tive a honra de trabalhar: o dr. Gary Schwartz, pela substancial documentação que reuniu provando que os DSs de fato falam conosco; Linda Russet, por seguir os passos do pai no que diz respeito ao desejo de descobrir a verdade sobre a existência da vida após a morte ou se simplesmente morremos. A dra. Mimi Guarneri, que foi além do tratamento cardíaco físico e descobriu que um "coração partido" pode levar à morte e que a sua cura não implica apenas a cura do corpo, mas da mente e da alma também; e a dra. Bridget Duffy, que está sempre pensando em maneiras de dividir com o mundo a importância de nos conectarmos com os entes queridos que já partiram.

A Chad Edwards, meu editor – não há palavras para expressar o quanto trabalhar com você não é trabalho nenhum, mas uma paixão arrebatadora que sempre me ajuda na expressão da minha voz e das minhas palavras.

Linda Manning, dádiva de Deus, meu braço direito e esquerdo, cuja maneira de cuidar de cada cliente e conversar com ele sempre me impressiona...

Muito obrigada a Melanie Burns, que cuidou de mim e me deu apoio nas minhas viagens. Muito obrigada, do fundo do coração.

Para Aileen, eu não poderia imaginar a vida sem você. Você é a luz no fim de todos os meus túneis.

E sempre, o meu mais humilde agradecimento e gratidão aos DSs, que vivem me ensinando uma grande lição... a vida e o amor são eternos.

Introdução

Há 25 anos venho trabalhando como médium inconsciente. Nesse período conquistei reputação internacional graças à minha integridade, exatidão e responsabilidade. Recebi a primeira visita de desencarnados aos 13 anos, quando a minha recém-falecida avó veio me ver; eu muitas vezes me perguntava por que os outros tinham tanta dificuldade com algo que me parecia tão natural que eu nunca pensei em questionar.

Nos anos que se seguiram, passaram pela minha vida pessoas que me deram coragem e continuamente me incentivaram a aceitar e apreciar o poderoso dom com o qual fui abençoada. Com o tempo, a ajuda dessas pessoas e a minha gradativa familiaridade com essa "vocação", vim a entender que a minha capacidade de conversar com os desencarnados não era simplesmente o que alguns definiam como "anormalidade".

Comecei a perceber que eu tinha o dever de utilizar essa capacidade para ajudar outras pessoas a se comunicar com os seus entes queridos, pois é disso que se trata a comunicação com os desencarnados: AMOR. Não só o nosso amor por aqueles que já se foram, mas também o amor deles por nós. Não só a nossa necessidade de transmitir mensagens de amor para eles, mas o desejo deles de transmitir mensagens de amor e de vida para nós. Passei a compreender que era por isso que todos aqueles DSs estavam tão ansiosos para que eu os conhecesse.

Não era porque apreciassem a minha companhia ou porque estavam tentando me enlouquecer; era porque sabiam que eu era um canal receptivo e tinha a capacidade de transmitir as suas mensagens aos seus entes queridos deste plano. Tudo tem uma razão de ser.

O que eu descobri ao longo desses anos foi que os desencarnados precisam nos comunicar que eles estão bem. Querem nos fazer entender que, se estavam sofrendo na Terra, agora não sofrem mais; se estavam doentes, agora estão curados; se havia uma diferença entre nós e eles, no que lhes diz respeito, ela não existe mais. É tarefa deles nos dizer essas coisas para que possamos nos libertar, e é tarefa nossa ouvir – aprender a ouvir num sentido mais amplo da palavra. É pelo amor profundo que sentem por nós, que eles gostariam que aprendêssemos a nos desapegar deles e a seguir adiante, em busca do aprendizado das lições do *nosso* próprio Programa Anímico.

À medida que você continuar bravamente a estudar o relacionamento entre os desencarnados, a sua própria alma e o seu Programa Anímico, creio que perceberá que na verdade você vive uma existência dupla. Existem dois eus em ação. Existe o eu da personalidade e todas as suas expressões terrenas, mas nós somos muito mais do que a nossa personalidade. E existe o eu superior, infinito, invisível e imensurável – o seu *Eu Anímico*. A personalidade funciona como uma máscara. É importante que você saiba que a personalidade do eu humano é o ator sobre o palco do drama humano. Ele é o programa que cria as experiências da alma para que tenhamos a oportunidade de aprender as lições designadas pelo nosso programa anímico. Escolhemos a personalidade que servirá melhor ao nosso Programa Anímico. As pessoas que escolhemos para ser os nossos pais, e suas personalidades, também influenciam a nossa personalidade. E tudo o que as personalidades individuais aprendem numa vida vai para um *Banco Anímico*. Quando optamos por reencarnar, podemos fazer uma retirada nesse banco de aprendizado, para investi-la na vida que estamos iniciando. O programa da Terra é difícil. É por isso que aprendemos tanto. Às vezes a aprendizagem é fruto da experiência criada pela personalidade, e não pela pessoa. Quando nascemos, a personalidade também nasce, e se mantém enquanto dura aquela vida. E como na qualidade de personalidade nós teremos livre-arbítrio, as escolhas da alma foram feitas pelo programa anímico daquela vida. Isso também explica por que, numa família, os filhos podem ter personalidades muito diferentes.

O Eu Anímico, ou alma individual, é como um planeta num universo repleto de vida cósmica, que podemos chamar de Alma de Deus, ou Alma Suprema. Com o Programa Anímico, temos a oportunidade de crescer e expandir a nossa energia e consciência, para nos tornarmos cada vez mais como a Alma Suprema, ou consciência de Deus. É a isso que chamamos de evolução da alma. Não importa que você seja cético com relação ao que está prestes a ler neste livro. Eu adoro um ceticismo saudável. O que eu realmente sei é que, se você se dispuser a examinar as coisas que acontecem na sua vida e a razão por que elas acontecem, começará a ver, ouvir, tocar e experienciar a vida de uma perspectiva totalmente diferente. E você pode vir a se descobrir como realmente é.

Eu mesma não posso explicar, cientificamente, *como* essa comunicação acontece. Mas eu sei, com absoluta certeza, a razão por que ela acontece. A razão – e eu provavelmente repetirei isso várias e várias vezes ao longo do livro – consiste no poder e na energia do amor. A continuidade do amor – o nosso por aqueles que se foram e o deles por nós – está no cerne do que eu faço e que passei a definir como *Programa Anímico*. Os cientistas continuarão a discutir, investigar e escrever sobre os seus achados, mas eu sei que as pessoas que faleceram não estão "mortas" no sentido que damos à palavra. Claro, elas não jantam conosco toda noite, não voltam para casa do trabalho ou da escola diariamente, não convivem conosco fisicamente, mas elas *sabem* o que está se passando conosco e nós *podemos* saber o que está se passando com elas.

Capítulo um

Fazendo contato

Todo relacionamento que toca a alma nos leva a um diálogo com a eternidade, de modo que, embora possamos pensar que as nossas fortes emoções estão focadas nas pessoas à nossa volta, estamos frente a frente com a própria divindade, seja como for que entendamos ou falemos desse mistério.

— THOMAS MOORE

Embora, hoje em dia, falar com os desencarnados seja para mim uma experiência totalmente natural, percebo que, para muitos de vocês, esta pode ser a primeira aventura neste território, ou ainda que pode haver muitas perguntas na cabeça de quem já começou a explorá-lo. Na tentativa de levá-los a uma compreensão maior desse assunto, gostaria de iniciar este livro fazendo um breve apanhado do que acontece quando estou me preparando para fazer contato. Desse modo vocês conseguirão compreender melhor essa comunicação que vem de um reino superior.

Minha intenção é responder, ao longo deste livro, algumas perguntas que você possa ter sobre como fazer contato com os DSs, por que as coisas acontecem, que resoluções são possíveis e que lições podem ser aprendidas por meio de alguns contatos como eu os vivenciei. Tentarei ajudá-lo a entender por que os contatos são realizados da maneira como são e dar alguns exemplos de mensagens transmitidas por entes queridos que já se foram. Faço isso também porque quero ajudá-lo a perceber que, graças à ligação que você tem com os seus entes queridos falecidos – e a ligação que eles têm com você –, você também tem o poder de se comunicar com eles.

A maioria de nós, arrisco-me a dizer que em torno de 99%, já se comunicou com o outro lado da vida, quando era criança. Você sabe, aqueles amigos imaginários que um dia nos aconselharam a deixar de lado, porque "Você já é bem grandinho para isso agora. O que as pessoas vão pensar?" Esses amigos "imaginários" nunca nos deixaram. Nós é que aprendemos a nos afastar deles. Portanto, este livro, em parte, tem como objetivo ajudá-lo a entender essas comunicações num nível mais amplo, e para alguns ele pode representar a primeira oportunidade para restabelecerem contato com essa parte deles inerente e natural, que pode lhes ajudar a resolver dúvidas que tiveram a vida inteira.

Ao longo desta leitura, eu gostaria que você tivesse em mente que só temos limitações no corpo físico, às vezes na mente, mas, no que se refere ao Espírito, em toda a sua magnificência, não existem limitações. Não existe nada que o Espírito, a Consciência Anímica, não possa realizar por meio do amor. Tenho certeza de que todos nós já passamos por uma experiência em que não sabíamos como algo poderia acontecer, mas que, graças a nossa fé irrestrita de que ela aconteceria, ela de fato aconteceu. Todos passamos por momentos em que a "luz do entendimento" prevaleceu onde antes só havia escuridão. Essa, para mim, é a beleza e o poder da jornada da alma. Na verdade, nada é impossível! Tudo depende de como você decide ver as coisas. Como e em que você acredita. Sempre achei que Albert Einstein descreveu isso de maneira incomparável: *Existem só duas maneiras de você viver a sua vida. Uma é pensar que nada é um milagre. A outra é pensar que tudo é um milagre.*

Vamos começar analisando alguns pensamentos das pessoas sobre "por que tudo tem uma razão de ser", tirados da seção de mensagens da minha página da Internet.

PRIMEIRO COMENTÁRIO

Só posso lhe contar o que aconteceu inúmeras vezes na minha vida. Toda vez que uma coisa aconteceu comigo, ficou claro para mim a sua razão de ser; as escolhas que eu fiz, os acontecimentos que estavam além do meu controle, tudo acontece por algum motivo. Perdi a minha mãe quando tinha 25 anos de idade (e estava grávida de 7 meses). Fiquei tão zangada e cheia de tristeza que me afastei de outras pessoas que precisavam de mim. Quase perdi tudo o que me era mais importante. Aceitar a razão de "por que" os grandes acontecimentos da vida ocorrem é provavelmente a maior oportunidade de crescimento que podemos ter. Posso dizer que, com o tempo, tudo se esclarece e você deve tentar se concentrar nos pensamentos positivos que acontecerão em resultado dos grandes acontecimentos da sua vida.

SEGUNDO COMENTÁRIO

Eu realmente acredito que tudo tem uma razão de ser, mas não necessariamente a razão que atribuímos. Com isso quero dizer que todos os acontecimentos que abalam as nossas estruturas acontecem não só para o nosso desenvolvimento, mas para o desenvolvimento das pessoas a quem estamos ligados. Se alguém que amamos morre, pode ser importante para essa pessoa passar para o próximo nível, e isso não significa necessariamente que temos alguma lição valiosa a aprender com o sofrimento que essa perda nos causou. Eu não acho que Deus queira que soframos desse jeito. Mas acho que é necessário nos separarmos temporariamente daqueles que aprendemos a amar para que eles possam continuar trilhando o seu caminho. Mas nós acabamos nos encontrando de novo com eles.

TERCEIRO COMENTÁRIO

Puxa, eu ouvi você falando sobre a busca do grande "por que". Quanto tempo eu perdi tentando entender algumas coisas, acontecimentos, reviravoltas na minha vida e experiências. Claro, as perdas têm um grande impacto. Alguém um dia me ensinou a responder a todo "Por que?" com um "Por que não?" e ver onde isso me levava. Funciona às vezes, mas às vezes não funciona. O meu mentor espiritual também me ensinou a procurar a "dádiva" que toda situação nos oferece. Isso, com o tempo, me ajudou muito. O tempo pode ajudar, creio eu, nos distanciando da perda. O modo como a pessoa se cura depende do que ela faz com esse tempo. Eu de fato acabo chegando a um ponto, porém, em que passo a entender melhor o que aconteceu e por que razão. Obrigado pela informação. É algo que eu sempre busco.

QUARTO COMENTÁRIO

Você está no caminho certo. O modo como lidamos com as reviravoltas da vida faz toda a diferença. Se você se acostumar a olhar sempre para o lado positivo de qualquer situação, não ficará preso a pensamentos do tipo: "teria sido assim", "poderia ter sido", "deveria ter sido" – você sabe, o famoso "e se...?" Um pensamento positivo nos leva a muitos outros.

QUINTO COMENTÁRIO

Cheguei à conclusão de que o "por que" de as coisas acontecerem não é nem de longe mais importante para as pessoas do que o "por que isso não aconteceu". Por exemplo, "Por que não conseguimos continuar nos amando?" ou "Por que eles não conseguiram salvar minha irmã do acidente?" Não existe nada mais verdadeiro do que dizer que não aprendemos nada na vida se só formos felizes. Pense em todas as experiências mais trágicas da sua vida e em quanto aprendeu com elas. Pode parecer que o sofrimento é algo desnecessário e que o mundo distribui o seu quinhão de felicidade de maneira injusta, mas isso simplesmente não é verdade. Por exemplo, tenho uma irmã que tem tudo: carreira, família, emprego, dinheiro. As pessoas podem achar que ela tem tudo na vida, mas quantos sabem que ela perdeu o seu único filho dois anos atrás? A dor e o desespero fizeram com que nos aproximássemos; é claro que nunca mais seremos os mesmos, mas essa perda fez com que eu realmente começasse a viver, em vez de me preocupar com coisas pequenas que nunca achei de fato importantes. Todos nós temos um projeto na vida, não importa o quanto ele possa ser simples; escolhemos o nosso caminho antes de a nossa alma vir para cá. As pessoas reclamam demais da vida. Ela é curta, mas eu prefiro enfrentar as situações difíceis e usar o meu tempo para aproveitar o que já tenho. Pare de perguntar "por que" e comece a perguntar "e agora?" de um jeito positivo!

Veja, essa pergunta – por que as coisas tem uma razão de ser? – ocorre a todo mundo uma vez ou outra. Com ela, deixe-me contar como a ligação com o outro lado acontece, para que possamos iniciar a nossa viagem rumo à compreensão da alma e da razão por que eu acredito que todas as coisas têm uma razão de ser.

Conexão e transmissão das mensagens

Como vou usar a mente para "entrar em sintonia" com, literalmente, uma frequência bem diferente daquela que usamos na comunicação verbal do dia a dia, preciso começar a "sair de sintonia" da frequência terrena várias horas antes.

O nosso cérebro tem dois hemisférios e cada um deles rege um modo específico de pensamento. O lado esquerdo é lógico, racional e analítico; enquanto o lado direito é intuitivo, aleatório e holístico. Em qualquer indivíduo, normalmente um lado é mais desenvolvido do que o outro. É por isso que algumas pessoas são ótimas em matemática e ciências (cérebro esquerdo), enquanto outras são mais criativas e "artísticas" (cérebro direito). Como eu já fui compositora e me formei em música, deixe-me dizer que compor música é, em grande parte, uma tarefa matemática. Eu provavelmente sempre tendi mais para o cérebro direito do que para o esquerdo. Portanto, quando sei que vou me comunicar com os DSs, começo conscientemente a baixar o volume do meu cérebro esquerdo, o lógico, e a entrar em sintonia com o direito, o intuitivo, pelo menos três horas antes de o trabalho começar, para que ao chegar em qualquer situação de recolhimento, sessão espiritual ou reunião, eu já esteja num estado alterado há algumas horas. O mesmo processo acontece quando faço palestras e seminários. Tenho que estar mais atenta ainda nessas situações, pois também preciso me preocupar em tornar esses encontros mais interessantes e dar explicações mais claras sobre *o que* eu faço e *como* eu faço. Isso é uma das coisas que as pessoas parecem procurar nessas ocasiões. Afinal de contas, esse é o meu trabalho, e todo trabalho tem certas responsabilidades. E essas responsabilidades duplicam durante qualquer sessão em que estou conectada. Os DSs têm as suas responsabilidades também. Explicarei sobre isso detalhadamente mais à frente.

Na maioria das vezes, os DSs começam a falar antes mesmo que eu chegue ao evento, mas isso não é mais um problema. (Existe um padrão já conhecido que sinto no momento da chegada deles. Também fizemos um "acordo" sobre quando estou pronta para "receber".) Na hora em que entro numa sala, já estou em estado alterado de recepção. Posso parecer consciente do que estou fazendo, mas, como o lado esquerdo do meu cérebro não está ativo, o que recebo e transmito se torna automático a essa altura. Preciso me preparar para estar no momento, de modo que esteja aberta para o que possam transmitir. É nesse ponto que a minha formação em música e improvisação vem em meu auxílio. Para fazer isso, a pessoa precisa se sentir à vontade com uma grande dose de espontaneidade. Eu preciso ficar entregue e totalmente confiante. Tenho que me dar inteira ao Espírito. Nenhum planejamento. Nenhuma pergunta prévia aos participantes para saber mais sobre eles. Isso explica por que eu falo rápido e às vezes sou bem-humorada ou faço graça para equilibrar a energia, de modo que o elemento "amor" irradie das mensagens. Não é minha intenção nem a dos DSs ser ríspida ou cruel. Lembre-se de que as mensagens dos desencarnados giram em torno do amor.

Os psiquiatras ou psicólogos podem falar sobre o que eu faço em termos freudianos, como um envolvimento parecido com o da auto-hipnose, que implica aquietar o ego ou a parte lógica, consciente e pragmática da mente, com o intuito de permitir que o subconsciente atue livremente. Você pode entender melhor o que estou dizendo aqui se refletir da seguinte maneira: pense nas ocasiões em que está tão entretido com o que está fazendo que perde completamente a noção do tempo. Ora, você ainda está presente em algum nível, ainda que totalmente absorvido no momento. Alguns mestres diriam que você está imerso na sua alegria – aquele estado em que está completamente aberto para tudo o que o Universo tem a oferecer. É mágico o que acontece quando estamos nesse estado e fazemos esse tipo de conexão. É isso o que acontece comigo. Estou totalmente envolvida nas frequências, ou vibrações, dos DSs, e eles na minha, de modo que podemos nos comunicar e transmitir as mensagens. (Explicarei um pouco mais sobre sincronicidades vibracionais mais adiante.) Você pode pensar nisso usando os termos com que se sente mais à vontade, mas prefiro falar de sintonização e mudança de frequência, pois o que eu faço tem, na verdade, tudo a ver com harmonizar-me, ou sintonizar a mente, com vibrações de outro plano, quase como se eu fosse um tipo de rádio psíquico transmissor e receptor.

A energia cria vibrações (e lembre-se de que a energia nunca morre), mas diferentes níveis de energia criam diferentes vibrações. Enquanto estamos neste plano, estamos em nosso corpo físico, que é denso e, portanto, inferior às vibrações que emanam da nossa energia. Quando morremos e deixamos o corpo físico, essas vibrações passam a ter uma frequência mais rápida e mais alta, razão por que a maioria das pessoas não é capaz (ou pensa que não é capaz) de sintonizá-las. Na verdade, sintonizar o rádio seria uma analogia perfeita. Se você não está na frequência certa, ouvirá muita estática e será mais difícil ouvir o que a emissora está transmitindo; mas depois que você está na sintonia certa, as palavras ou a música ficam mais altas e mais claras.

Para fazer contato com os DSs, tenho que aumentar a frequência das minhas vibrações e eles – porque querem se comunicar –, precisam baixar a deles, até que estejamos ambos sintonizados efetivamente na mesma frequência. Eu sirvo, na realidade, como o receptor de rádio, que recebe os sinais e os transmite aos clientes. É por isso que, enquanto estou nesse estado alterado, falo muito mais rápido e minha voz é um pouco mais aguda do que o normal. Sem mencionar que é como uma ópera em que todo o elenco tenta entrar no palco ao mesmo tempo para desempenhar o seu papel (mensagem).

O fato de os DSs não terem mais um corpo físico explica não só a sua mudança de "frequência" como também o fato de que muitas vezes eles se comunicam por meios eletrônicos – fazendo com que as luzes, o rádio ou a TV liguem ou desliguem, por exemplo. Sem um corpo físico, eles não passam de energia vibratória desencarnada. Enviar sinais eletrônicos para nos avisar da sua presença é uma das maneiras mais eficazes de se comunicarem conosco. Esse tipo de fenômeno ocorre mais frequentemente logo depois que a pessoa faleceu, geralmente durante o primeiro ano, mas também em datas especiais como aniversários de nascimento e de morte. Se algo assim acontecer a você, não entre em pânico nem pense em chamar o eletricista. Pode ser apenas um ente querido fazendo uma visita!

Eis alguns exemplos:

Uma cliente minha me contou uma história tocante e inesquecível sobre esse tipo de comunicação "eletrônica". Ela tinha perdido uma de suas filhas gêmeas e, toda noite, desde a morte da menina, a luz do quarto da gêmea que sobrevivera se acendia e se apagava sozinha. Tanto a mãe quanto a filha se acostumaram de tal maneira a esse fenômeno e se sentiam tão confortadas com a comunicação noturna que, depois de um tempo, ela simplesmente se tornou parte da sua vida diária. Depois da tragédia do World Trade Center, porém, minha cliente ficou tão entristecida que foi até o quarto da filha e pediu ao espírito da irmã gêmea, "Por favor, vá ajudar aquelas pessoas". Desse dia em diante, a luz parou de se acender e se apagar. Só sete meses depois a minha cliente começou a sentir falta da comunicação com a filha desencarnada e pediu que ela voltasse. Um pouco depois do pedido amoroso da mãe, a luz começou a se acender e a se apagar novamente.

Outra cliente explicou que, quando o marido dela, pai dos seus filhos, morreu, a família quis enterrar com ele artigos que lhe tinham sido importantes. Além de adicionar um par de tênis e camisetas regatas ao terno e gravata, todos eles sabiam que ele ficaria perdido sem o seu controle remoto. Então, enterraram com ele o controle remoto que estivera sempre na sua mão ou do seu lado do sofá. Todos no velório concordaram que ver Ed segurando o controle remoto era divertido, além de ter tudo a ver com a sua personalidade. Nessa noite, quando a família e os amigos voltaram do enterro, a mulher e os filhos sentaram-se "entorpecidos" em frente à TV. Estavam exaustos e já nem sabiam mais o que dizer àquela altura. Você sabe, o silêncio que fica no ar quando você fica sozinho pela primeira vez depois de uma perda. Eles tinham ligado a TV "manualmente" e estavam sentados, sem conversar. Todos fitavam a tela com um olhar vazio. De repente, a TV desligou. Eles voltaram a ligá-la. Mais uma vez ela desligou e eles voltaram a ligar. Ela desligou pela terceira vez. Eles se entreolharam incrédulos, depois caíram na risada. No mesmo instante perceberam que Ed estava querendo avisá-los de que estava ali, e ainda tinha o controle.

Comunicação e comunicadores

Eu sempre deixo a sala à meia-luz para que ninguém tenha a sensação de que está sob um holofote ou sendo alvo da atenção das outras pessoas, especialmente nas sessões. Também tento fazer isso, da melhor maneira possível, nos seminários e palestras. Algumas informações reveladas são bastante pessoais, embora normalmente não seja a intenção do DS causar constrangimento. Um pouco de diversão, talvez. Eu sempre começo fazendo uma prece. Para mim, a prece é uma maneira de reconhecer o Poder Superior que eu sei que existe e lhe agradecer, tanto pelos poderes que ele me dá quanto pela liberdade de usá-los.

A essa altura, os DSs estão normalmente suplicando para se manifestar e às vezes a cacofonia de vozes transmitindo as suas mensagens pode parecer um bombardeio psíquico vindo do alto. Pense nisso da seguinte maneira: numa sessão de seis a doze pessoas – o número costumeiro –, cada pessoa pode ter um ou dois parentes ou entes queridos tentando se comunicar. Outra maneira de pensar nisso é imaginar que você tenha de dez a doze filhos e todos estão tentando chamar a sua atenção ao mesmo tempo. Todos já passamos por isso.

Esses números valem também para os meus seminários e palestras, mas se tornou particularmente intenso depois dos eventos do dia 11 de setembro, na cidade de Nova York. Eu moro nessa cidade e estava em casa no momento da tragédia. Só me lembro de ter sentido como se um choque elétrico fortíssimo tivesse atravessado o meu corpo logo depois que as duas torres do World Trade Center vieram abaixo. Desnecessário dizer, foi indescritível o bombardeio de mensagens que se seguiu, vindo daqueles que faleceram na tragédia e queriam tranquilizar os parentes, avisando que estavam bem.

Uma mulher que participava de uma sessão na ocasião do desastre recebeu comunicações não só da pessoa que ela procurava, mas também de duas outras de quem ela nem sequer sabia o nome. Só depois, quando questionou quem seriam esses dois espíritos desconhecidos, ela descobriu que eram amigos da amiga dela que também tinham morrido na tragédia. Esse, a propósito, é o tipo mais irrefutável de comprovação que um médium pode receber. Se a própria cliente não sabia da existência dessas pessoas, onde eu poderia ter buscado essas informações a não ser dos próprios DSs?

Independentemente de quantas almas estão tentando aproveitar a sessão para transmitir as suas mensagens, geralmente são aquelas com uma personalidade mais forte e determinada (e elas normalmente eram assim na Terra também) que transmitem as primeiras mensagens. Os mais calados e tímidos simplesmente têm que esperar pela sua vez – porém uma hora ela chega. Mas isso não depende de mim, pois parece que os DSs organizaram a coisa dessa maneira, de modo que todos tenham a sua vez.

A comunicação com os DSs não é como entabular uma conversa normal. Eu não posso simplesmente fazer perguntas e esperar respostas completas e coerentes. Às vezes eu recebo apenas uma palavra ou uma forte sensação física. Também quero esclarecer que nunca vemos os

DSs diretamente, apenas com a visão periférica. Isso não quer dizer que as pessoas não vejam os DSs; acontece apenas que as aparições são a forma menos comum de conexão. A principal maneira pela qual os DSs se comunicam é por meio dos sonhos, pois o cérebro direito está em primeiro plano quando estamos mais relaxados e não há interferência. Outra razão para isso é que, quando está sonhando, você não fica assustado por sua aparição como ficaria se eles "aparecessem" quando você está acordado. Outras maneiras prediletas de eles se comunicarem são por meio da música, das crianças, dos animais e dos aromas. Na maioria das vezes fazem contato com uma pessoa quando ela está envolvida numa atividade imprevisível – quando o seu cérebro esquerdo está "em ponto morto". E adoram os carros e rádios.

Existem várias pessoas que recebem todo tipo de comunicação por meio de alguma forma de número. Como todos nós sabemos, os números têm um significado em toda a Bíblia. E também há outras coisas. Pouco tempo atrás um amigo, cujo pai agredia verbalmente a mulher e os filhos, passou por uma cirurgia de câncer na garganta. A cirurgia aconteceu no mesmo dia em que a esposa dele tinha morrido de câncer vinte anos antes.

A seguir, veja um comentário deixado na minha página na Internet, que fala sobre a conexão por meio dos números.

> Eu assisti ao seminário de Suzane em Seattle em 24 de junho de 2002. Na quinta-feira anterior ao encontro (que aconteceria na segunda à noite), tive a sorte de conversar com Suzane em um dos seus programas de rádio.

> Esperei na linha durante 25 ou 26 minutos. Quando ela atendeu ao telefone e perguntou quem estava falando, eram 8h36min da manhã, ou seja, faltavam 24 minutos para as 9 horas.

> Eu disse que queria entrar em contato com meu filho. Então, a partir daí, comecei a prestar atenção nos números.

> Eis as informações comparadas às datas:

> ➢ Meu filho nasceu no dia 24/09/1968 e morreu no dia 14/03/1993.

> Os números estavam todos lá, com exceção do 14. Então, eu mostrei isto ao meu irmão: 8:36, 24-9.

> Ele então disse: some 8 e 36 e você terá 44.

> Subtraia 9 de 24 e você terá 15.

> Some 44 a 15 e você terá 59. 5 + 9 é 14.

O modo como isso foi colocado no papel mostra que não foi preciso manipular demasiadamente os números para chegar a esse resultado.

Então, na semana passada, eu estava assistindo o programa do médium John Edward com a minha mulher e comentei que gostaria de ter perguntado a Suzane, quando falei com ela ao telefone, o número em comum entre meu filho e eu.

Quando perguntei à minha esposa se ela se lembrava, ela respondeu, "Sim, era 29."

Ela me lembrou de que esse era o nosso número favorito ao jogar roleta e que a última vez em que estivemos juntos foi em Reno, Nevada, antes da morte dele.

Não haviam se passado mais do que 15 segundos quando um comercial de TV que eu nunca tinha visto antes começou a anunciar a oferta de um produto: $29,95. Eis os números 29 e 14 (9 + 5) ao mesmo tempo.

Eu acredito que o meu filho estava bem ali, ouvindo a nossa conversa.

Provavelmente por causa da minha formação musical, as mensagens que recebo são principalmente auditivas ou fonéticas. Eu ouço o som de um nome ou de um relacionamento, ou de alguma outra característica identificadora. Às vezes tudo o que consigo captar é o som de um "e" ou de um "i" ou de um "f", ou algum outro sinal fonético. O som de "i" pode significar Ivan, mas também pode ser de Eileen. Muitos nomes servem como uma dica de que a conexão vai começar. Depois que ele é informado e alguém o reconhece, é como se uma porta se abrisse e o restante da informação fosse transmitida. Não tenho ideia do que eles querem dizer, por isso, quando recebo uma mensagem e a transmito aos presentes na sala, cabe a cada pessoa ali fazer a conexão com o espírito que ela conhece. Os DSs geralmente dão mais informações para ajudar na identificação do nome que estão transmitindo: uma situação, um objeto – como algo de família que passou de geração em geração –, algo único que um membro da família ou ente querido reconheceria. Também é muito comum que eles tragam consigo um animal de estimação. É nesse ponto que se inicia a dinâmica interpessoal na sala. Descobri que as pessoas que têm parentes com o mesmo nome, tipo de morte ou sexo costumam se sentar perto umas das outras para receber mensagens.

Os DSs geralmente me dão uma ideia geral de onde está sentada a pessoa com quem querem fazer contato, por isso consigo me voltar na direção da pessoa com a qual eu supostamente estou falando, mas os participantes geralmente têm as suas próprias ideias sobre isso. Assim como existem espíritos que são mais acessíveis ou agressivos que outros, normalmente também há pessoas mais ansiosas para "reivindicar" uma mensagem do que outras. Às vezes há uma pessoa na plateia que pensa que todas as mensagens são para ela – não importa para quem *eu* ache que a mensagem se enderece. Outras, mais tímidas, podem achar que entenderam a mensagem, mas preferem não falar ou reivindicá-la. Posso tentar mostrar que a pessoa para a qual a mensagem é transmitida está à minha esquerda, mas se outra, à direita, continuar a insistir, eu não posso fazer nada a respeito. Eu só posso deixar que elas decidam por si mesmas.

Na verdade, os mortos muitas vezes parecem mais disciplinados do que os vivos. Depois do tumulto inicial para chamar atenção, eles parecem quase sempre fazer fila e esperar a sua vez, de modo que eu possa percorrer a sala e transmitir as mensagens seguindo uma certa ordem. Alguns DSs particularmente ansiosos podem me interromper de vez em quando, e se há algum animal no recinto ele pode ficar ganindo, enquanto perambula por entre as pernas das pessoas, mas, depois que se estabelece uma certa ordem, normalmente eles são muito educados.

Às vezes acontece de um DS *pensar* que está dando uma dica extremamente significativa, mas a pessoa que ele está tentando contatar não consegue "captá-la". Quando isso acontece, é muitas vezes porque a pessoa não está raciocinando rápido. Ou, às vezes, porque está raciocinando demais. Numa sessão recente, havia sete mulheres na sala. Um dos DSs me mostrava incessantemente um cristal e dizia que ele era muito especial para o seu ente querido. Como pode acontecer às vezes, praticamente todas elas afirmavam ter uma ligação com o cristal. Não havia ninguém ali que não tivesse herdado um cristal de uma tia, de uma avó ou da mãe, mas ninguém parecia achar que ele fosse muito especial. Até que, finalmente, a mulher mais acanhada dentre as sete, que estivera totalmente em silêncio até o momento, contou timidamente que tinha uma grande coleção de cristais de quartzo e que alguns deles eram dignos de um museu. E nesse momento, o seu ente querido me pediu para dizer-lhe que ela era "muito mais esperta" na época em que ele era vivo!

Quando um DS insiste em dizer que a sua mensagem é especial e a pessoa com quem ele quer entrar em contato não reconhece isso, não há nada que eu possa fazer a não ser "entregar" a mensagem à pessoa e acreditar que ela a compreenderá um dia. Às vezes, porém, outro DS ligado a essa pessoa se apresenta e dá mais informações para desfazer a confusão. O nome Fred, por exemplo, pode não provocar um reconhecimento imediato, mas se outro espírito chega e diz se chamar Eric e ser o irmão, filho ou avô de Fred, os dois nomes juntos podem ser a dica de que a pessoa precisa para registrar a conexão. Como eu disse, os mortos muitas vezes parecem bem mais espertos do que os vivos.

Lembro-me de uma ocasião, pouco tempo atrás, ocorrida enquanto eu fazia uma excursão a trabalho, que servirá para ilustrar o que estou dizendo.

Tinha sido uma noite realmente maravilhosa e, quando o seminário já chegava ao fim, algo me atraiu para o fundo da sala, onde estavam sentados dois jovens. Eu tinha certeza de que tinha mensagens para eles. Transmiti as informações que o DS me passava e os dois continuaram olhando para mim, como se eu não estivesse falando coisa com coisa. Eles se entreolharam e disseram que não sabiam do que eu estava falando. Toda vez que eu tentava voltar à plataforma, o DS me impedia, dizendo que eu tinha que transmitir a mensagem e pedindo que eu voltasse a falar com eles até que a captassem. Eu voltei e disse aos dois homens que eu sabia que a mensagem era para eles. Dei-lhes o nome do DS, falei-lhes sobre a fivela de um cinto masculino que tinha sido passada a um garoto e que agora ele estava com duas crianças que tinham se afogado. Foi realmente engraçado, tanto para os dois jovens, quanto para o resto da sala e para mim. Eu finalmente disse que só iria transmitir a mensagem e comecei a voltar para a plataforma, quando uma mulher no assento ao lado dos rapazes disse em voz alta, "Essa mensagem é para mim. Era o meu marido". Eu parei, me virei e devo ter parecido alguém que acabou de levar um tapa, pois toda a sala começou a rir. Eu tinha me dirigido aos dois rapazes durante quinze minutos, recusando-me a desistir, e a pessoa para a qual se dirigia a mensagem, sentada bem ao lado, não abrira a boca. Como eu estava tão decidida a transmitir a mensagem a eles, ela não se pronunciara. Ela não estava com eles nem os conhecia.

Portanto, se você achar que a mensagem transmitida é para você, fale em voz alta.

Além das mensagens auditivas que recebo, também tenho "sensações" físicas, que muitas vezes estão relacionadas com a causa da morte do DS. Por exemplo, posso sentir um peso no peito se ele morreu devido a um ataque cardíaco ou posso sentir falta de ar caso ele tenha falecido devido a algum problema de pulmão. Essas sensações não duram muito; elas vêm e passam rapidamente, e às vezes não posso dizer se o espírito de fato morreu em decorrência dessa doença ou se ele era simplesmente um fumante inveterado. Também posso, às vezes, ter dificuldade para identificar se a sensação no peito está relacionada com o coração ou com os pulmões – embora geralmente haja uma boa diferença. Mas, desta vez também, cabe à pessoa encarnada desfazer a confusão.

Eu também "vejo" com o olho da mente, por assim dizer; visualizo imagens, como um homem fardado ou uma criancinha com um vestido vermelho, ou uma jovem com cabelos loiros. Com muita frequência, a imagem de um animal de estimação deitado ou correndo em volta do DS é justamente a informação de que alguém na sala precisa para ter certeza de que se trata do "seu" ente querido. Mas nenhuma dessas imagens se parece com a dos fantasmas que se materializavam como George e Marian Kirby, na série de TV *Cosmo Topper*[1].

Os fantasmas são, na verdade, as almas de pessoas falecidas que optaram por não deixar o lugar onde estavam na Terra ou que, geralmente depois de uma morte repentina ou violenta, não aceitaram o fato de que estão mortas e não têm mais corpo físico. Essas almas possivelmente não acreditavam na vida após a morte ou o trauma da morte as deixou desorientadas e incapazes de perceber que estão mortas de fato. A alma não fez uma conexão consciente com o fato de que já deixou o corpo físico.

Um exemplo disso seriam as muitas histórias de todos os jovens que morreram na Guerra Civil americana. Nos estados do sul há anos têm ocorrido aparições nas áreas florestais, em casas de fazendas e celeiros. Parece que esses jovens escolheram muitos desses lugares para se esconder do inimigo e então foram mortos. Também existem histórias sobre soldados que vagam pelos campos de batalha e que, estão, num certo sentido, presos numa armadilha. No primeiro caso, o espírito está no lugar em que escolheu ficar por vontade própria, e onde ficará até querer se mudar. Esse espírito pode ser como o personagem do filme *Ghost*, que opta, por alguma razão, permanecer no metrô, onde morreu. Talvez só nesse lugar ele possa aterrorizar espíritos desavisados como Sam, o jovem namorado que é assassinado no começo do filme. Essa seria a sua vingança contra aqueles que o assassinaram antes do que ele julgava ser a "sua hora".

---

1 **Topper** era uma série, em branco e preto, feita para a TV, exibida, no Brasil, início da década de 60. A série narra o dia a dia do casal George e Marion Kirby, que após morrerem numa avalanche retornam como fantasmas da Europa para assombrar sua casa num subúrbio de Los Angeles.

No segundo caso (uma morte repentina ou violenta), a alma é literalmente aprisionada entre dois mundos, como Sam, e precisa ficar próxima ao lugar onde morreu ou a um ente querido até que alguém deste plano – seja um exorcista, um xamã, um sacerdote ou um médium que faça trabalhos de socorro – seja capaz de fazer contato e convencê-la a romper a sua ligação com este plano e ir embora. Mas, como eu disse, não são fantasmas que eu "vejo" nessas sessões. E esses DSs têm que se esforçar muito para se comunicar conosco.

Enquanto estamos tratando desse assunto, quero acrescentar que há muitas coisas que *Ghost* retrata com exatidão, como o fato de Sam não se dar conta imediatamente de que morreu, e de dar a impressão de que se mantém por perto para se certificar de que a mulher amada está protegida do perigo. Uma dessas cenas, cuja precisão me fez rir, foi aquela na qual a pobre Whoopi Goldberg, como Oda Mae, é bombardeada por vozes do mundo espiritual tentando se fazer ouvir. Como eu disse, isso aconteceu comigo a princípio, quando muitos DSs se aglomeravam à minha volta e imploravam para que eu transmitisse as suas mensagens.

Evidentemente, havia cenas em que o filme era mais fantasioso, como na que Sam e Oda Mae tinham conversas normais e completamente racionais ou na que Sam era capaz de lutar com Carl. Os espíritos podem mover objetos com o poder de sua energia, mas se envolver num combate físico com um encarnado é simplesmente algo que, via de regra, eles não fazem. Houve uma ocasião em que pessoas me contaram que haviam tido um contato físico com espíritos. Alguns sentiram um ente querido se sentar na cama com eles ou sentiram algo roçar em seu rosto. Não sou eu quem vai negar esse tipo de experiência. Quem sou eu para dizer o que aconteceu ou não a uma pessoa? É a experiência dela. De qualquer maneira, a maioria das conexões não é assim tão evidente. Não é como Hollywood. Não é como *O Sexto Sentido*, embora o personagem de Bruce Willis estivesse na mesma condição que Sam, pois também não percebia que estava morto. A maioria das conexões é muito mais sutil e acontece de uma maneira que só nós vamos reconhecer.

Então deixe-me continuar a explicação sobre como as mensagens são transmitidas. Os DSs utilizam muitos métodos – auditivos, físicos, visuais e também olfativos. Eu muitas vezes vivencio uma variedade de odores e aromas, como fumaça de tabaco, perfumes, fragrâncias ou flores, e muitas outras pessoas na sala são capazes de sentir também, principalmente se vários dos DSs eram fumantes. Às vezes é apenas o aroma de um perfume especial pairando no ar que indica que um ente querido está presente. Isso é o mais comum. Como aprendi com o tempo, os DSs podem ser extremamente criativos quando querem mostrar que estão presentes.

Um bom exemplo disso foi a ocasião em que apareci num programa de TV norte-americano de grande audiência. Uma mulher para quem transmiti mensagens do pai contou que, no dia anterior ao programa, ela tinha sentido o dia todo o cheiro da fumaça dos charutos que o pai costumava fumar. E na casa dela ninguém fumava. Portanto, às vezes um ente querido dá um sinal bem contundente de que está ou estará por perto.

Desconexão

Não importa o local – uma sessão, uma palestra ou um seminário –, sempre há uma progressão natural, que se inicia com o clamor inicial, passa pelo caos organizado e finaliza na diminuição da energia do outro lado, durante aproximadamente duas ou duas horas e meia. No final estou completamente exausta – esse é um trabalho extremamente gratificante, mas que provoca um grande dispêndio de energia – e a sala está repleta de emoções, que podem variar desde sentimentos intensos de amor até uma hostilidade ostensiva.

Embora os DSs sempre se apresentem para expressar o seu amor, os encarnados ainda podem sentir raiva dos entes queridos que já se foram por algo que tenha acontecido ou pela culpa por algum erro que acreditam ter cometido ou por algo que deixaram de fazer. Essa é uma das principais razões que levam as pessoas a não reconhecer ou recusar uma mensagem que um DS pode estar tentando transmitir. O encarnado simplesmente não consegue entender que o espírito não só deixou para trás este plano, como também as "diferenças" que podem ter prejudicado seus relacionamentos com outras pessoas na Terra. Se há emoções negativas na sala, elas sempre vêm dos vivos, *nunca* dos mortos. E, como o termo "médium" dá a entender, eu sou um canal para todas as vibrações positivas e negativas emanadas dos dois lados. Às vezes esse bombardeio de vibrações emocionais nos dois sentidos faz com que eu me sinta numa centrífuga.

É provavelmente exaustivo para os DSs também, pois eu não sou a única que preciso usar minha energia para fazer com que o meu nível de energia fique compatível com o deles. Eles também ajustam a sua frequência para que ela entre em sintonia com a minha. No final do tempo previsto, eu posso sentir a energia deles se distanciando e então sei que está na hora de acabar. Nesse momento, eu sempre agradeço aos espíritos por vir e gradativamente começo a me afastar do mundo espiritual, voltando aos poucos para o meu estado de consciência normal, um processo que pode levar várias horas depois do final da sessão.

É invariavelmente uma experiência intensamente emocional e empolgante para todos na sala. As pessoas muitas vezes choram de alegria, alívio ou tristeza, e quase sempre riem e se surpreendem também. Os DSs não perdem o senso de humor quando deixam o plano material e muitas vezes é a lembrança de uma característica divertida – o tio Herman sempre foi o membro mais barulhento da família, por isso ele tem que ser sempre o centro das atenções – ou um relacionamento feliz – o pequeno Tob sempre gostou de ficar nas patinhas de trás e lamber o rosto da mamãe – que faz com que alguém da plateia reconheça um DS.

Muitas vezes, quando a pessoa sabe que vai participar de uma reunião em que eu farei uma sessão espiritual ou leituras mediúnicas, ela solicita, em voz alta ou silenciosamente, a presença das pessoas de quem gostaria de ter notícias. Mas isso não significa necessariamente que o seu pedido será atendido ou que outros espíritos não possam aparecer. Eu sempre digo às pessoas, antes de cada sessão, que elas devem deixar de lado as expectativas, sejam quais forem, porque a experiência provavelmente não será como imaginaram, não segue a lógica e elas podem ter notícias de pessoas em quem nem pensavam há muitos anos.

Como eu bloqueio conscientemente o meu cérebro esquerdo, lógico e analítico, por algum tempo, a menos que alguém me conte depois, eu raramente me lembro do que acontece durante a sessão. Eu posso sentir as emoções presentes na sala, mas não posso identificar a sua fonte. E isso não é problema para mim. Eu sei que não vou me lembrar de nada e, de qualquer modo, seria desgastante se eu retivesse todos os sentimentos que passam por mim de um plano para outro.

Independentemente do que aconteça, porém, e apesar da minha exaustão, sempre acabo os trabalhos com um sentimento de gratidão pela dádiva e o privilégio que tenho de poder ajudar as pessoas. É sempre compensador ser capaz de responder a perguntas que as assombram há anos ou evitam que façam as pazes com o passado e possibilitar que sigam em frente para aprender o que precisam.

Como as mensagens são transmitidas

Uma das perguntas a que eu respondo com mais frequência para as pessoas que tentam se comunicar com um ente querido falecido é se elas podem ter certeza de que o espírito com quem querem se comunicar entrará em contato com elas. Às vezes, a resposta é sim. Às vezes é não. Muitas vezes as preocupações que elas têm são de ordem prática: "A minha filhinha só tinha 1 ano de idade, não sabia nem falar; como conseguirá se comunicar comigo?" Ou "A minha tia-avó Tillie só falava russo e você só fala inglês, então como você saberá o que ela está tentando dizer?"

Nesses casos, posso assegurar que essas supostas barreiras não impedirão que esses espíritos façam contato. Se uma criança é pequena demais para falar, ela aparecerá como um espírito adulto ou trará um parente mais velho com ela para dar informações comprovadas ao parente encarnado, de modo que ele possa reconhecê-la. E por razões que não posso explicar, quando a tia Tillie precisa ou quer se comunicar por meu intermédio, ela milagrosamente passa a ter fluência em inglês, embora tenha um sotaque acentuadamente russo. Só posso presumir que, em algum lugar há um tradutor psíquico multilingue fazendo de fato um bom trabalho.

Afora essas questões práticas, porém, não posso garantir quem se fará presente numa determinada situação. Essa decisão de fato cabe aos próprios DSs. A maioria das pessoas acha que, pelo fato de ser médium – de ter esse dom –, basta eu chamar um certo DS para que ele venha – no momento em que eu quiser. No meu caso, isso nem sempre é verdade. Eu sei, no entanto, que qualquer mensagem que precise ser entregue acaba sendo entregue. Às vezes o problema são os encarnados, que podem ter noções preconceituosas a respeito de quem esperam encontrar, do que querem ouvir e de quem vai transmitir uma mensagem.

Um exemplo vívido disso ocorreu enquanto eu fazia um programa de rádio.

Um senhor me ligou para me pedir que eu entrasse em contato com o pai dele, que tinha falecido pouco tempo antes. No entanto, como viemos a descobrir depois, quem apareceu foi o avô do ouvinte, que insistiu em anunciar a sua presença. E ele parecia estar segurando uma vara de pescar. Quando transmiti essa informação para o homem ao telefone, houve um longo silêncio depois do qual ele disse, "Esse é o pai do meu pai. Ele era pescador. Eu não quero falar com ele. Quero saber do meu pai". Eu pude detectar uma certa angústia na voz do ouvinte. Embora tenha sido difícil (para dizer o mínimo) convencê-lo de que era a mensagem do avô que ele iria receber daquela vez, e que o espírito estava tentando desfazer um conflito de relacionamento e dizer ao neto que o amava. Ele também disse que lamentava toda a dor que a morte dele tinha causado. O ouvinte, porém, simplesmente não quis ouvir a mensagem e só se interessava em saber do pai. Esse é o problema de alguns neste plano – podemos ser terrivelmente teimosos.

Eu senti uma dor aguda na cabeça e disse ao ouvinte que podia garantir que o pai dele estava ao lado do avô e, no entanto, estava dando a este a oportunidade de dizer o que precisava. Muitas vezes, quando muitos DSs estão presentes, alguns deles ficam de lado porque sabem que uma mensagem mais premente precisa ser transmitida para a cura da pessoa presente. Eu perguntei sobre o avô do homem e sobre a causa de sua morte, e ele me disse que o avô tinha dado um tiro na esposa e depois se suicidado com um tiro na cabeça. Isso explicava a dor que eu estava sentindo na lateral da cabeça. Parecia que o avô tinha sido uma figura respeitada na comunidade em que vivia e que isso causara à família muita dor e constrangimento. Foi um fardo que toda a família carregou durante anos – reprimido no peito e nunca extravasado. Nunca se teve respostas ou se chegou à compreensão do que levou às mortes. O ouvinte fora o neto favorito do avô e passara muitas horas com ele pescando. Ele tinha apenas 12 anos e estava visitando os avós no fim de semana do trágico acontecimento. Esse homem com quem eu falava nunca tinha superado o terrível incidente. Ele se sentiu abandonado, e também um pouco culpado por não ter sido capaz de evitá-lo, e o mesmo sentimento passou a afligi-lo depois da morte do pai por alcoolismo.

Quando o ouvinte saiu da linha, pareceu-me que ele tinha de certo modo compreendido. Ou pelo menos espero que sim. Nunca mais voltei a falar com ele. Todos nós nos sentimos até certo ponto abandonados quando um pai falece. É como se de repente ficássemos órfãos. Em alguns casos nos perguntamos se poderíamos ter feito algo para evitar essa morte ou se fomos bons filhos. E, não importa a idade que temos quando sofremos essa perda, de repente não existe mais o ombro amigo que nos sustentava. Isso é especialmente verdade no caso de crianças que perdem um dos pais ou um amigo próximo. Embora o pai estivesse presente e o homem quisesse desesperadamente se comunicar com ele, pode ser que o pai tenha dado um passo atrás e deixado que o avô transmitisse uma mensagem que eles consideravam mais urgente. Lembre-se de que eles fazem contato para promover a cura da pessoa encarnada, de modo que ela possa seguir em frente com a sua vida. Isso não significa que o contato com o ente querido que estamos buscando não possa acontecer no futuro.

Existe outra razão para o fato de ocasionalmente você não conseguir contato com a pessoa que deseja. Isso às vezes acontece simplesmente porque o DS pode estar, no momento, distante demais para receber o seu pedido. Nesse caso, essa pessoa pode não ter condições de fazer contato na ocasião. Também pode haver outros impedimentos à comunicação. A pessoa que a deseja poderia estar nutrindo sentimentos de inveja ou rancor que dificultariam o contato. Ou um dos DSs pode perceber que a pessoa em questão não está psicologicamente preparada para receber sua mensagem. No caso relatado anteriormente, o avô talvez tenha sentido que era hora de entrar em contato com o neto, provavelmente por causa da morte recente do pai. Algo indicava que era o momento ideal para lidar com outras questões do passado que poderiam estar impedindo esse homem de superar a morte do pai. Os DSs sem dúvida alguma querem curar as nossas feridas, para que possamos progredir na jornada da nossa própria alma.

Às vezes, um DS sabe que o seu ente querido não é a pessoa mais indicada para receber a mensagem; então ele escolhe outra pessoa – alguém que ele sabe que estará disposto a ouvir – para entregar-lhe a mensagem. A carta a seguir explica como esse tipo de situação aconteceu a uma das minhas clientes, que tentava desesperadamente encontrar um meio de se comunicar com o filho David, de 17 anos. Eu contei essa história em meu último livro, *Second Chance*, mas acho que vale a pena repeti-la aqui:

> Por mais que eu praticasse a meditação que você nos ensinou ao longo de um dia de trabalhos intensos num dos seus workshops, nunca tive certeza de que realmente estivesse conseguindo fazer algum progresso. Como você comentou tantas vezes, eu continuava negando a maior parte do que achava que via ou ouvia. Tinha essa noção preconcebida de que nada do que eu via com o olho da mente era real pelo fato de não ser nítido o suficiente ou por ser nítido demais. Você nos conduziu ao longo da meditação, enfatizando que não deveríamos questionar o que víamos, ouvíamos ou captássemos com o olfato. Eu pensei, "Lá vou eu outra vez. Vou

ser a única pessoa da sala que não conseguirá chegar a lugar algum ou contar o que acho que consegui". Eu também achava que estávamos perdendo todo aquele tempo e que tudo o que eu queria era saber se David estava por perto. Mas fiz a meditação. De repente, o rosto de um garotinho apareceu. Eu sabia que ele tinha uns 4 anos. Também sabia, mais do que via, que ele tinha cabelos castanhos e olhos muito azuis, e que ele queria me dizer "diga à mamãe que eu a amo". Como você nos aconselhou, eu registrei tudo isso por escrito. Um por um, todos nós lemos as informações que "supostamente" recebemos. Havia outra mulher na sala que, segundo contou, tinha uma amiga que não estava presente e havia perdido um filho chamado Kevin. Você solidariamente confirmou o meu contato com informações adicionais antes de finalizarmos.

Algumas semanas depois, eu estava indo de carro para casa e, como sempre faço depois que perdi meu filho, desliguei o radio e simplesmente deixei a minha mente em branco... Estava nesse estado mental quando ouvi claramente o nome "Katie" e depois o seu nome, "Suzane Northrop". Lembrando-me do que você dissera, procurei apenas manter esses dois nomes em mente. Pensei, "Só me faltava essa, os DSs de Suzane estão me procurando. Quando chegar em casa, vou deixar uma mensagem na secretária eletrônica dela e ver se ela tem uma parente chamada Katie."

Quando cheguei em casa, eu só tinha quinze minutos para me arrumar antes de ir a uma reunião dos Amigos Compassivos, um ótimo grupo de apoio para pessoas que perderam seus filhos. Então deixei o telefonema para mais tarde. Na reunião, havia uma jovem que eu nunca vira antes contando sobre uma amiga que tinha procurado uma médium havia algumas semanas e, embora ela não soubesse nada sobre médiuns, a amiga tinha contado que alguém na sala tinha visto um garotinho de uns 4 anos chamado Kevin dizendo "diga à mamãe que eu a amo". A jovem comentou que, embora não desse muito crédito a essas coisas de médiuns, ela tinha certeza de que era o filho dela. Outra mulher na sala perguntou, "Katie, qual era o nome da médium?" Katie respondeu, "Suzane Northrop".

Eu quase caí da cadeira. Depois da reunião, contei a Katie que era eu quem tinha feito o contato com Kevin. Ela tinha um broche na blusa com uma foto do filho e eu fiquei atônita ao constatar o quanto ele era parecido com o garotinho que eu vira, especialmente os "olhos muito azuis". Katie me abraçou e, com lágrimas nos olhos, agradeceu-me profusamente. Fiquei exultante por ser capaz de dar a ela a oportunidade de saber do filho.

Eu realmente acredito agora nas conversas que tive com meu filho em pensamento e raramente questiono as coisas que vivencio durante a meditação ou no dia a dia, pois elas são provas da presença e do amor do meu filho em minha vida.

— MOLLIE

Sem dúvida, não foi coincidência o fato de Mollie e a amiga de Katie estarem no mesmo workshop. Coincidência, como sempre digo, é só o nosso jeito de explicar as sinergias que não podemos ou não queremos atribuir a poderes que não sabemos explicar. E, como ilustra essa experiência tão impressionante, os DSs fazem o que for preciso para transmitir as suas mensagens. Se eles percebem que um contato direto com o ente querido não é a melhor maneira de fazer isso (como no caso de Katie, que não acreditava "nessa coisa de médiuns"), eles podem procurar um mensageiro mais receptivo, como aconteceu nesse caso de "telefone sem fio" mediúnico. Kevin deve ter achado que Mollie era a pessoa perfeita para receber a sua mensagem e transmiti-la à mãe. Mollie não só tinha perdido um filho também, como estava aberta à comunicação com o mundo espiritual. A mãe dele, por outro lado, não só era cética, como não tinha condições emocionais no momento para receber o que ele estava tentando lhe dizer. Por intermédio de Mollie, ele não apenas conseguiu transmitir a sua mensagem de amor pela mãe, como fortaleceu a crença de Mollie de que o filho, David, continuava presente em sua vida. Essa é uma das minhas histórias favoritas.

Você também pode se comunicar!

Embora eu aprecie muito o fato de ter sido agraciada com esse dom muito especial – a capacidade aguçada de sintonizar as vibrações dos que estão no mundo espiritual –, também sei que qualquer pessoa pode desenvolver a sua própria capacidade de entrar em contato com esse mundo. Você só precisa lembrar que os DSs querem fazer esse contato. Na verdade, em grande parte é incumbência deles fazer esse contato. A sua incumbência é a de abrir o coração e a mente, à medida que aprender a ouvir num sentido mais amplo. Se não fizer isso, as mensagens podem passar despercebidas e você estará se privando da paz e do conforto que vêm de saber que os seus entes queridos não apenas estão bem, mas ainda continuam bastante ligados a você.

Esse contato com eles nem sempre é fácil, pois você precisa querer muito estabelecê-lo. Pode haver obstáculos na sua criação ou sistema de crenças que o torne cético ou receoso com relação a esse tipo de contato. Nenhuma energia negativa pode entrar no seu reino particular caso você não permita. Eu não acredito que qualquer ente querido que tenha falecido volte com a intenção de prejudicá-lo ou descarregar a sua raiva sobre você. Eles só irradiam amor. Se você conseguir superar essas dúvidas e temores que lhe foram ensinados e realmente acreditar que pode entrar em contato com eles, estará se preparando para ouvir qualquer mensagem que os DSs precisem enviar, mesmo que elas tragam á tona questões delicadas ou pensamentos que possam estar afligindo *você*. Essas questões e problemas só são perturbadores porque você está ligado a alguma energia com relação a eles que ainda não foi compreendida ou resolvida de vez. Às vezes essa compreensão ou resolução depende da sua disposição para perdoar a si mesmo, aos outros ou àqueles que já se foram. Lembre-se, os DSs não cultivam ressentimentos, medo ou raiva. Eles já os superaram. Estão num estado de alegria, felicidade e compaixão.

Se você está disposto a se preparar, a chegar a uma resolução, a livrar-se do medo e a fortalecer o seu próprio sistema de crença, então eu gostaria de ajudá-lo com alguns métodos que ensino aos participantes dos meus workshops:

A PREPARAÇÃO

1. Em primeiro lugar, você precisa comunicar aos seus entes queridos que você quer entrar em contato com eles, e enquanto espera esse contato, marcar uma espécie de "encontro". Portanto, *marque o encontro*. Ele deve acontecer num momento em que você não será incomodado nem esteja preocupado com outras coisas. Não marque um encontro na quinta-feira às 17h30min, por exemplo, se os seus filhos ou cônjuge forem estar em casa ou esperando para jantar às 18h30min. Eu descobri que os melhores horários são de manhã bem cedo ou tarde da noite.

2. Em segundo lugar, você terá de assumir o compromisso de fazer isso durante pelo menos sete semanas, portanto não comece se souber que terá que fazer em breve uma viagem de negócios ou ir ao casamento da sua melhor amiga numa cidade distante na semana seguinte.

3. Quando você determinar qual o seu melhor horário, repita a sua mensagem uma ou duas vezes, em voz alta ou para si mesmo: "Segunda-feira pela manhã, às 7 horas, eu estarei aberta para receber comunicações de..." Você pode solicitar uma pessoa específica se quiser, mas saiba que outros DSs podem aparecer também.

4. Agora encontre um local confortável e tranquilo onde ocorrerão os seus encontros nas sete "segundas-feiras" seguintes, às 7 horas da manhã, e deixe ao seu lado papel e lápis.

5. Vários minutos antes do horário marcado, tire o telefone do gancho, vá até o local escolhido e procure preparar a sua mente. Certifique-se de que se sente confortável – não está usando roupas apertadas e o estômago não está muito cheio nem

muito vazio – e deixe o corpo relaxar. Procure limpar a mente e entrar em sintonia com a sua audição interior. Se tiver pensamentos aleatórios, reconheça-os e deixe-os ir. Praticar alguma técnica de meditação – a que mais funcionar com você – pode ajudar.

6. Imagine-se cercado por uma luz branca e peça permissão a Deus ou a um Poder Superior para entrar em contato com os seus entes queridos. Então, sele a luz e a permissão com uma prece, usando as palavras que preferir, dirigindo-a a quem quer que lhe dê paz de espírito e a compreensão de que qualquer coisa que aconteça será pelo bem maior.

A MEDITAÇÃO DE CONEXÃO

Depois que se sentir seguro e protegido em meio à luz branca que o envolve, comece a respirar fundo, a partir do diafragma. À medida que relaxa, afirme que Deus ou o Poder Superior fez esse momento especial para você e sinta-se cercado pela luz e sendo elevado lentamente como se estivesse num balão, deixando para trás as preocupações e tarefas do dia a dia.

Você se elevará agora até uma porta mais acima, que se abrirá quando você se aproximar e deixará que você entre num lindo campo de flores. Ali você se sente à vontade, protegido e amado. À medida que atravessa o campo, você vê à sua frente um gazebo com um banco. Alguém espera por você no banco. Você pode ou não ver claramente a pessoa sentada ali, mas se aproxima do banco e se senta próximo a ela. Você sente o amor dessa pessoa por você.

Mesmo que não veja ou sinta a pessoa ao seu lado, você sabe que ela está ali. Você ouve uma palavra com a sua audição interior. Pode não captar imediatamente o que ela significa, mas sabe que mais tarde entenderá. Se você conseguir ver a outra pessoa, olhe nos olhos dela. Se ouvir uma voz familiar, permaneça em silêncio e ouça. Se sentir um toque, fique quieto. Esse é um momento especial que permanecerá para sempre impresso na sua mente.

Você saberá quando o encontro tiver acabado. Não posso explicar como; você simplesmente saberá. Nesse momento, diga silenciosamente a si mesmo e ao ente querido que o tempo acabou. Quando se levantar do banco, sentirá que está outra vez sozinho. Enquanto tornar a atravessar o campo, de volta para o balão de luz, você saberá que pode voltar a esse lugar especial quantas vezes quiser. À medida que se sentir passando lentamente pela porta e descendo até onde está o seu corpo físico, a luz começará a diminuir até que você volte ao seu estado normal de consciência. Você pode não ter certeza de tudo o que aconteceu, mas se sentirá relaxado, seguro e amado de um modo muito especial. Cultive esses sentimentos por um instante.

O REGISTRO DAS SUAS EXPERIÊNCIAS

Agora, pegue uma caneta e registre por escrito tudo o que viu e sentiu, tanto faz que seja muito ou pouco. Mesmo que lhe parecer quase nada a princípio, isso fortalecerá o relacionamento que iniciou com o seu ente querido. Não deixe que o seu "editor" ou "crítico" interior interfira. Anote tudo o que aconteceu, mesmo que não faça sentido para você no momento ou não pareça importante. Essas informações ficarão cada vez mais claras à medida que você pensar sobre elas.

Mesmo que ache que nada aconteceu, não desista. Lembre-se de que você se comprometeu a continuar durante mais seis semanas, e, praticando o relaxamento e as técnicas de visualização, você aos poucos se sentirá mais receptivo e à vontade com o processo e com o significado do que aconteceu.

Acredite ou não, você já está recebendo mensagens. E não se surpreenda se, dentro dos próximos dias, você começar a "ouvir", com um senso mais elevado de audição, uma mensagem quando menos espera. Se isso acontecer tão rapidamente a ponto de o deixar em dúvida sobre se aconteceu de fato, não se preocupe. Os DSs não desistem facilmente e a mensagem seguinte que receber será mais fácil de detectar.

Você também pode vivenciar outro tipo de conexão simbólica indicando que o seu ente querido recebeu o seu convite. Como eu disse, perturbações eletrônicas ou mecânicas estão entre os sinais mais comuns que os DSs nos enviam para lembrar-nos da sua presença. Você também pode observar um fenômeno natural pouco comum – flores desabrochando fora da estação ou pássaros aparecendo quando e onde nunca apareceram antes. Você pode, na verdade, ter vivido essas coisas em outras ocasiões, mas nunca prestado atenção, pois não estava "ligado" com o seu significado.

Eu gostaria de lhe apresentar esta citação à medida que você continua a explorar o contato e a comunicação com os DSs por conta própria. Gosto muito dela. Como disse Claudia Black, "Confie em si mesmo. As suas percepções são muitas vezes mais precisas do que você está disposto a acreditar".

Confie nos sonhos

O fato de sonharmos com um DS certamente nem sempre significa que esse ente querido nos fez uma visita noturna. Mas os sonhos também são um dos modos mais comuns e fáceis de termos um contato direto com os DSs.

Por quê? Qualquer pessoa que já teve um sonho vívido sabe que a maioria dos sonhos tem um conteúdo simbólico e não puramente literal e isso porque, quando estamos dormindo, a parte lógica e analítica do cérebro também descansa, deixando que as nossas faculdades criativas e intuitivas reinem livremente. Trata-se de novo daquele fenômeno envolvendo os lados direito e esquerdo do cérebro. E, como já expliquei, uma vez que é a parte intuitiva do nosso cérebro que faz contato com aqueles que já morreram, é durante o sono que ficamos mais receptivos às mensagens que eles nos transmitem.

Os sonhos também estão entre as maneiras mais "seguras" que os DSs têm para entrar em contato conosco. Até mesmo pessoas céticas com relação à possibilidade de se comunicar com os entes queridos falecidos parecem ficar relativamente à vontade diante da ideia de sonhar com eles. Sem dúvida, isso acontece porque eles podem racionalizar a experiência, dizendo que sonharam com a pessoa, em vez de aceitar o fato de que estiveram realmente com o espírito de um ente querido.

Um dos sonhos mais relatados é aquele em que um ente querido afirma não estar "morto" ou que está feliz, saudável e se divertindo. Essa é, afinal de contas, a principal mensagem que os DSs precisam nos enviar. Como já mencionei, é tarefa deles nos avisar que ainda estão presentes, que estão bem e que não estão mortos coisa nenhuma, no sentido convencional que damos à palavra. De qualquer modo, não é isso que gostaríamos de ouvir de alguém do qual não recebemos notícias há algum tempo? Não queremos saber que essa pessoa está sã e salva e passando bem, seja onde for?

Eis aqui uma história do contato espiritual de uma pessoa por meio dos sonhos:

Cara Suzane,

Estou lhe escrevendo sobre a minha experiência com as técnicas de meditação e conexão que você ensinou em seu seminário. Como você sabe, perdi a minha mãe repentinamente. Ela tinha sofrido várias convulsões ao longo dos seus últimos anos de vida. Nós, da família, nunca recebemos dos médicos nenhuma explicação concreta sobre a causa desses "ataques"; só sabíamos que eles ocorriam inesperadamente. Quase a perdemos várias vezes, pois durante esses ataques ela perdia o fôlego e chegava a parar de respirar. Ela tinha medo de fazer exames invasivos no coração porque uma das suas melhores amigas tinha morrido durante um desses procedimentos e ela se recusava a fazer qualquer coisa dessa natureza. Ela era uma mulher determinada e com ideias próprias. Só havia uma coisa que poderia justificar esses ataques: ela era uma fumante inveterada. Por isso, o melhor que pudemos fazer foi convencê-la a parar de fumar, o que ela acabou fazendo seis meses antes de morrer.

Fomos muito próximas ao longo de toda a minha vida. Muitas vezes conseguíamos nos comunicar através de longas distâncias sem palavras. Era uma ligação mental que compartilhávamos. Quando nos falávamos ao telefone, descobríamos que tínhamos pensado ou feito a mesma coisa ao mesmo tempo. Essa ligação era de fato muito estranha e nos divertiu muito ao longo dos anos. Muitas vezes fazíamos a brincadeira de "veja se consegue acertar". Conseguíamos também ficar juntas durante horas sem dizer uma palavra.

Quando ela morreu, como acontece com a maioria das pessoas diante da morte, eu não acreditei. Nunca pensei que ela partiria tão cedo, com tão pouca idade – ela tinha apenas 59 anos. Durante o enterro e ao longo dos meses seguintes, eu vivi uma espécie de negação. Recusava-me a me referir a ela como se estivesse "morta". Mais tarde, quando meu pai, meus irmãos e eu começamos a nos desfazer dos seus pertences pessoais, achei uma carta dela num canto de uma gaveta que obviamente era dirigida a mim e aos meus irmãos. Basicamente, ela dizia que estava cansada e sem energia e tinha esperança de encontrar alguma paz em sua vida. Escrevia que havia aguentado muita coisa antes de nós crescermos e que agora queria que seguíssemos com a nossa vida. Dizia que agora era a sua vez e que pretendia seguir para qualquer lugar onde estivesse a felicidade dela. Isso me deixou triste. Tudo o que eu queria era que ela entrasse em contato comigo e me dissesse se estava bem. Ela tivera uma vida difícil com o meu pai e eu esperava que pelo menos estivesse em paz.

Tentei tudo o que estava ao meu alcance para fazer contato. Implorei para que ela me enviasse um sinal. Quando descobri o seu trabalho, achei que essa talvez fosse a resposta. Para minha consternação, outros membros da minha família fizeram contato, mas ela nunca apareceu nas sessões em grupo. Continuei achando que não queria ouvir nenhum deles. Será que ela não entendia que era ela que eu queria ouvir? Fiz a sua meditação e, quando estava sentada no banco sob o gazebo, pude sentir a presença dela – até o aroma da colônia, mas eu queria "vê-la". Precisava vê-la.

Como não sou de desistir facilmente, continuei fazendo os exercícios que você sugeria. Recusei-me a deixar de acreditar que eu conseguiria fazer contato de algum modo. Uma noite, eu estava me sentindo particularmente entristecida com a morte dela e com as suas lembranças. Quando fui para a cama, apenas fiz uma pequena oração dizendo que, se era verdade mesmo que nós não deixamos de existir após a morte, eu precisava que ela me desse alguma prova. Nessa noite, obtive a visita que tanto esperava, um ano depois da morte dela.

Minha mãe apareceu essa noite em meus sonhos. Ela estava vestida com um tipo de roupa que só esperaríamos ver num lugar como a Suíça. Ela dançava numa campina verdejante, cercada de lindas montanhas. Tinha fitas coloridas no cabelo. Ela sorria, cantava e ria enquanto corria e dançava na grama que chegava aos tornozelos. Estava vibrante e disse que estava bem. Pediu-me que contasse aos meus irmãos. Eu acordei na manhã seguinte sabendo que tivera a visita que tanto queria. Como eu sabia com tanta certeza que ela estava feliz e que não tinha sido apenas um sonho? Ela era de origem alemã, por isso as roupas. O lugar favorito que visitara fora a Suíça. Antes de morrer, tinha repetido muitas vezes que adoraria poder voltar. E estava rindo e cantando, algo que na minha infância eu adorava vê-la fazer. A música que ela cantava pertencia ao seu musical favorito. Ela me disse para seguir em frente e buscar a minha felicidade, pois ela encontrara a dela. E que ela tinha me visitado várias vezes e continuaria por perto se eu precisasse.

Contar essa história a você era importante. Eu queria contá-la porque acredito piamente que, se quisermos entrar em contato com alguém que está do outro lado, podemos fazer isso. Não se deve desistir, só saber que pode acontecer de um modo inesperado. Levou um ano para que eu conseguisse fazer contato. Mas fiz. Estou em paz agora. Agradeço a você por tudo o que faz por nós, que estamos "deste lado", e pelos DSs que desejam se comunicar. Mantenha a fé.

Com muito amor,
Michelle

Portanto, se você despertar de um sonho envolvido por um sentimento intenso de amor e paz, isso muito provavelmente é um sinal de que passou por uma vivência no mundo espiritual. Acredite. Eu o aconselho a tomar nota da experiência tão logo acordar, pois as lembranças, como acontece com todos os sonhos, serão fugidias e, se você não registrá-las por escrito, não será capaz de se lembrar. Mas assim como você pode treinar a se abrir mais, por meio da meditação e de exercícios, para receber outros tipos de mensagens, você também pode treinar para ter um acesso maior às suas experiências oníricas. Você pode, por exemplo, praticar meditação um pouco antes de ir para cama, e convidar seu ente querido a fazer contato enquanto você está dormindo, como aconteceu com Michelle. Você também pode sugerir a si mesmo que acordará quando o sonho tiver acabado, para que possa se lembrar dele. Talvez você não tenha sucesso na primeira vez, nem nas demais, mas, como tudo na vida, você melhorará com a prática e a repetição.

Preciso adverti-lo, no entanto, de que, se seu sonho lhe causar medo, raiva, ou qualquer emoção negativa, essas emoções provavelmente vêm de você – do seu medo –, porque, como eu disse, os desencarnados *nunca* ficam com raiva de você, não querem deixá-lo infeliz ou constrangido nem guardam ressentimento, independentemente do que possa ter acontecido entre vocês quando estavam vivos.

Quando as mensagens cessam

Depois que conseguir entrar em contato com os DSs, ou por conta própria ou com a ajuda de um médium, você certamente vai querer que as mensagens continuem, e provavelmente presumirá que, se os seus entes queridos "vieram" uma vez, eles sem dúvida voltarão. É bem possível que isso aconteça, principalmente se você realmente precisa continuar o contato para pôr um ponto final do seu luto ou para resolver alguns aspectos do seu relacionamento que ficaram inacabados neste plano. Isso em geral acontece quando um pai perde um filho, que é sem dúvida uma das perdas mais devastadoras que alguém pode sofrer. Ou você pode descobrir que simplesmente sente uma presença em ocasiões especiais, como em aniversários de nascimento ou de casamento ou no Natal; essa seria a maneira que o seu ente querido encontrou para comunicar-lhe que ainda está a par do que acontece na sua vida. Mas também é possível que, depois de um ou dois contatos, o DS não volte mais a se conectar.

Eu não sei exatamente por que isso acontece, mas sei que existe uma razão. Talvez o seu ente querido precisasse apenas assegurar-lhe de que o amava e ainda estava presente na sua vida, e, depois de transmitir a sua mensagem, não tivesse mais o que dizer. Ou talvez a alma dele tenha precisado seguir adiante em seu processo de desenvolvimento e evolução, assim como você agora precisa seguir adiante com sua própria vida. Você precisa se lembrar de que, assim como você precisa seguir em frente, os DSs também têm um trabalho a concluir.

Você certamente ficará desapontado se os seus contatos forem interrompidos, mas não deve ficar desiludido por causa disso. Lembrese de que, antes de começar esses contatos, você se dirigiu ao Poder Maior e afirmou estar agindo pelo bem maior. Simplesmente não cabe a você decidir quando esse *bem* foi completado.

Capítulo dois

Compreenda a vida após a morte

A morte é um novo começo

Ao longo dos anos, e com um conhecimento crescente da matéria, passei a pensar nesse pessoal que vive do outro lado como membros da Sociedade das Pessoas Mortas ou, como você já deve saber a esta altura, como os DSs, nome que lhes atribuí com todo respeito e afeição. E eu me refiro à existência deles como "sociedade" porque, na realidade, a Vida após a Morte não é vivida em isolamento, mas numa sociedade de almas, assim como nós, deste plano, somos membros de uma sociedade de relacionamento mútuo.

Um dos maiores mal-entendidos sobre a morte é pensar que ela é um fim. Embora essa possa ser a conclusão de uma fase específica da jornada anímica, a morte é, sem sombra de dúvida, o início da seguinte. A morte, para aqueles que permanecem aqui, só marca o final de uma fase do nosso relacionamento com aqueles que se foram. Também é o início de outra – se assim o desejarmos –, pois a Alma nunca morre, como também não acaba o relacionamento entre aqueles que estão neste plano e os que estão no plano espiritual.

Se existe uma coisa que aprendi – e passei a aceitar sem reservas –, durante o curso do meu trabalho, e ao longo de milhares de conversas que tive com os mortos, é que o conceito de "morte" não é como a maioria das pessoas pensa. Ela é simplesmente outra fase de transição na evolução da nossa alma e na sua busca por crescimento, vivida, pelo menos temporariamente, em outro plano. Se a vida fosse uma peça de teatro, eu diria que ela consiste no segundo ato. Se fosse um livro, seria o capítulo seguinte. Metaforicamente, é como atirar um seixo na água e observar as ondulações que ele provoca. Como acontece com o crescimento da nossa alma, vida e morte simplesmente provocam ondulações *ad infinitum*. Que nunca acabam. Só se expandem.

Amor: a ligação que nunca tem fim

Até que aprendamos a superar o nosso ceticismo e a nos abrir para a possibilidade da vida após a morte, continuaremos a não perceber os sinais constantes que nos são enviados de que esses relacionamentos ainda existem. Aqueles que já fizeram a transição para o outro lado não têm dúvida disso. E eles tentam desesperadamente fazer com que também não tenhamos. Muitas vezes, durante consultas particulares ou sessões, um dos DSs me diz que mantém contato constantemente com um determinado ente querido *vivo* e, quando eu passo essa informação adiante, muitas vezes a pessoa confessa que não tinha percebido esses contatos.

Assim como os físicos sabem, com base em um fato científico, que a energia nunca se extingue, eu sei, como fato, que a energia eterna do amor é o que nos liga aos nossos entes queridos que já se foram. Nem os DSs e nem os meus clientes jamais deixam que eu me esqueça disso. Todos conhecemos a força do amor. Não existe ninguém que não tenha vivenciado esse poder de um jeito ou de outro. Ele tem a capacidade de produzir a cura total, mas também a de causar a completa aniquilação. Esse fato me foi apresentado novamente, de maneira marcante, quando um homem, num dos meus seminários, passou pela seguinte experiência:

> Eu assisti a um dos seminários de Suzane, mas não tinha muita certeza da razão por que estava participando ou o que

esperava dele. A minha mulher, de 47 anos, tinha morrido seis meses antes e eu me consumia não só de dor, mas de um terrível sentimento de culpa. Seria um final de semana completo com Suzane, numa espécie de terapia em grupo para a qual eu não sabia se estava preparado. Eu nunca tinha sido fã de "situações em grupo". No entanto, algo me instigou a participar depois que alguns amigos meus, muito preocupados e solícitos, comentaram sobre ela. Devo admitir que eu era bastante cético, mas àquela altura já estava consciente de que tinha de arranjar um modo de aliviar a dor constante que sentia.

Virginia, minha mulher, tinha sofrido um derrame e ficado em coma durante seis semanas, aproximadamente, antes de morrer. Ela era uma pessoa amorosa e de uma força admirável. Todo mundo que a conhecia apreciava a sua paixão pela vida e seu espírito abnegado. Tinha sido extremamente difícil para mim, durante as semanas em que ela ficou em coma, vê-la ali deitada, inerte, numa cama de hospital. Eu me perguntava o tempo todo como aquilo estava acontecendo com uma mulher tão maravilhosa, que eu amava tanto. Eu vivia à beira da exaustão por causa da vigília constante e, no entanto, tinha medo de me afastar dela nem que fosse por um minuto.

Finalmente, uma noite, sentindo-me totalmente sem forças, decidi que deixaria a sua cabeceira e iria dormir em casa, na nossa cama. Lembro-me de que tive a impressão de que precisei de horas para tomar essa decisão tão simples. Segundo o médico me informara naquele dia, não parecia haver nenhuma chance de que ela se recuperasse totalmente. As palavras do médico me deixaram completamente arrasado. Eu me senti impotente para fazer o que quer que fosse por essa mulher que eu amara durante tanto tempo. Durante a hora que precisei para me decidir se iria para casa, lembro-me de ter conversado com Virgie e dito a ela o quanto a amava. Eu queria ter certeza de que ela tinha me ouvido. Pelo menos tinha esperança disso. Alguém tinha me dito que as pessoas em coma muitas vezes ouvem o que lhes dizemos. Também me surpreendi ao ouvir a mim mesmo dizendo que ela podia "partir" se assim o desejasse. Eu sabia que essa mulher vibrante não iria querer viver nesse estado. Já tínhamos conversado sobre isso antes.

Quando cheguei em casa aquela noite, tomei um banho quente e me arrastei até a cama. Lembro-me de ter virado para o lado dela na cama e pensado que podia sentir no ar o aroma do seu talco preferido. Eu sorri e caí no sono. Só acordei quando o telefone tocou. A princípio, me perguntei por que Virgie não atendia ao telefone. Ela tinha o sono leve. Depois me levantei num salto. Era do hospital, para me avisar que ela tinha falecido. Acho que eu já sabia disso antes de tirar o fone do gancho.

Nos meses que se seguiram, tentei superar a minha dor o melhor que pude. O que tornava tudo mais difícil era o fato de eu ter dito a ela que poderia partir, e ela ter partido. Quantas vezes pensei que, se não tivesse dito nada, talvez ela ainda estivesse viva. Talvez eu estivesse errado. Eu me sentia culpado, imaginando se fizera a coisa certa.

Então, ali estava eu no seminário de Suzane, e antes que eu percebesse, ela já estava andando na minha direção, dizendo que havia uma mulher presente. Ela dizia sentir no ar um aroma de talco e ouvir o som da letra "V". Então olhou direto para mim e disse que era minha esposa e ela estava ali para me dizer que eu tinha feito a coisa certa ao permitir que ela partisse e que ela estava bem, feliz, e me amava. Ela também me agradecia por ter ficado ao lado dela durante o período de coma e me dava permissão para superar a dor e seguir em frente. As lágrimas começaram a escorrer pelas minhas faces. Eu sabia que era Virgie. Senti um imenso alívio e soube que dali em diante eu poderia tocar a minha vida. Ela me daria o seu apoio.

Obrigada, meu Deus. Obrigada, Virgie. Obrigada, Suzane.

Nesse caso, Virgie sabia que precisava voltar e ajudar o marido a se livrar da culpa e a seguir em frente com a sua vida. Nunca duvide do poder do amor. Depois de ouvir uma história assim, como deixar de acreditar?

Nunca morremos sozinhos

Um outro mal-entendido muito frequente sobre a morte é o de que ela é uma transição solitária para a alma. Mas eu sei, por experiência própria, porque os DSs me contaram, que nós nunca morremos sozinhos. Nunca fazemos essa transição do corpo para o espírito sem a ajuda do Outro Lado. O isolamento e a falta de ligação não fazem parte do "plano mestre" universal. Pelo contrário, somos todos acompanhados e auxiliados até o plano espiritual por um membro da nossa família ou por um ente querido. Eles amenizam o choque que a jornada nos causa e nos ajudam a nos ajustar à vida num plano diferente.

Os DSs sempre relatam que foram recebidos e levados por alguém que fez a transição antes deles. No entanto, como explicarei melhor posteriormente, membros da mesma família não permanecem necessariamente juntos depois da morte. Eles continuam sendo uma família, mas vivem em sociedade, como fazemos aqui na Terra. Em suma, a verdade é que às vezes a pessoa, ao morrer, é recebida por apenas um DS, mas é mais frequente que seja recebida por vários.

O que todos nós precisamos entender é que os nossos entes queridos nunca estão sozinhos e o mesmo ocorre conosco. É tarefa das almas que já partiram facilitar a passagem daqueles que morrem. Também é incumbência delas manter contato conosco, do plano terreno, para nos ajudar a superar o luto, resolver questões inacabadas e continuar a nossa jornada aqui na Terra.

Eis aqui uma história impressionante que reafirma minha declaração de que nunca morremos sozinhos:

Uma mulher chamada Daria veio a uma de minhas sessões. Um grupo de aproximadamente oito pessoas estava presente naquela noite. Depois de eu ter transmitido mensagens durante meia hora, dois cachorrões apareceram subitamente e andaram até ela. Com eles, eu vi um rapaz muito bonito, que queria muito que ela soubesse da sua presença. Eu disse isso a ela e acrescentei que ele estava atrás dela com os cães. Disse-lhe que eu estava sentindo um calor desconfortável e que o nome do jovem começava com a letra "D", "L" ou "DL", ou tinha essas letras em seu nome. Ela me fitou com os olhos arregalados. Eu perguntei se ela tinha ideia de quem poderia ser. "Daniel", ela disse e desatou a chorar. Eu lhe disse que Daniel queria que ela soubesse que ele estava ali, que a amava e que estava bem, feliz e com boa saúde. Era importante para ele que ela soubesse que os dois cães também estavam presentes.

Depois de alguns instantes, Daria conseguiu se recompor e começou a contar ao grupo a sua história. Parece que Daniel tinha 24 anos de idade e morava em outra cidade. Seu filho favorito, ele tinha decidido morar em outro lugar para ter uma oportunidade melhor no seu campo de trabalho. Ele tinha comprado uma casinha antiga e, depois de um tempo, levou os dois boxers que amava para morar com ele e lhe fazer companhia.

Uma noite, enquanto Daniel dormia, a casa pegou fogo por causa da fiação elétrica precária e do aquecedor a gás, e nem Daniel nem os cães sobreviveram. Foi uma perda terrível para Daria. Trágica, repentina. Uma dor que nunca teria fim. Por ser seu filho favorito, Daria teve muita dificuldade para superar o sentimento de perda. Ela muitas vezes se perguntava o que ele teria sentido ao morrer daquela maneira e imaginava se tinha sofrido ou mesmo chegado a acordar. A única coisa que ela sabia era o que os bombeiros haviam lhe dito: tinham encontrado algo incomum quando descobriram o corpo.

Quando finalmente começaram abrir caminho por entre os escombros, a princípio acharam que havia ali apenas os corpos carbonizados de dois cães aconchegados um ao outro. No entanto, quando começaram a separá-los, viram embaixo dos cães o corpo de Daniel. Aparentemente, os cães o cobriram na tentativa de protegê-lo. Eles podiam ter tentado escapar, mas por algum motivo decidiram ficar. Agora estavam juntos com Daniel, para mostrar à mãe dele que o filho estava bem, e não estava sozinho. Que agora ela podia descansar.

Assim sendo, não é possível dizer quem morreu primeiro, se Daniel ou os cães, e quem estava ali para ajudá-los o tempo todo. O que essa história confirma é que nunca estamos sozinhos, seja no momento da morte ou depois que passamos para o outro lado.

Não sei quanto a você, mas para mim essa não é apenas uma história tocante e comovente; ela me conforta. E também me faz pensar em situações em que muitas mortes ocorreram, como no caso da tragédia de 11 de setembro, nos Estados Unidos. Esse foi um desencarne em massa que jamais esqueceremos. O que me vem à mente é que provavelmente muitos dos que morreram estavam ali ajudando as pessoas. É como se muitas mãos se unissem para criar uma ponte para o outro lado.

Isso, meus amigos, conforta o meu coração, quando tento ter em mente que tudo tem uma razão de ser. É difícil entender algo tão sem sentido. É um desafio lembrar que cada alma tem seu plano e seu caminho. E, no entanto, eu sei que tem. Acredito que a morte dessas pessoas terá sido em vão se não tentarmos entender a mensagem que essa perda monumental significou para nós. Eu tentei entender. Espero que você também tente.

A vida não termina com o corpo físico

Como a Alma nunca morre, ela está numa jornada sem fim, tanto nesta vida quanto no pós-morte – uma viagem de crescimento e descoberta. Todos estamos nesta vida com um propósito – saibamos disso ou não – e esse propósito é aprender, cumprir o programa pelo qual a nossa alma optou, e que pode consistir em qualquer coisa. Basicamente, esse programa consiste em qualquer coisa que a nossa alma precise aprender. Pode ser paciência ou autoconfiança, ou lidar com a perda ou ter compaixão. Cada alma tem um programa diferente e não existem duas almas que precisem aprender exatamente a mesma coisa. O caminho da Alma é crescer e esse caminho de crescimento é exclusivo de cada alma. A encarnação num corpo humano proporciona um nível de aprendizado que não pode ser atingido em nenhuma outra dimensão. Se não cumprirmos o propósito do programa da nossa alma neste plano, simplesmente daremos continuidade a ele depois que desencarnarmos, até que a nossa alma possa retornar e encarnar em outro corpo físico. Existem certas lições que só podem ser aprendidas por meio da existência humana. Num certo sentido, ela é como um curso de graduação.

Essa é uma das principais razões pelas quais os nossos entes queridos não nos deixam, *realmente*, quando falecem. Como nos amam – e eles de fato nos amam, não se engane –, não é apenas seu dever, mas o seu desejo nos ajudar a seguir em frente na *nossa* jornada. Eles sabem que, para fazer isso, precisamos chegar a algum tipo de resolução com respeito à morte deles. Isso faz parte do aprendizado. E ao nos fazerem saber que estão bem – felizes e livres da dor –, estão querendo nos dizer não só que não precisamos nos preocupar com eles, mas também que não precisamos lamentar a morte deles, pois na verdade eles ainda estão conosco. Uma boa história que mostra até que ponto os DSs estão dispostos a ir para nos ajudar a chegar a essa resolução ocorreu quando uma cliente minha veio me ver quando estava grávida de gêmeos.

Enquanto conversávamos sobre a chegada iminente dos gêmeos, eu disse a ela que estava vendo outro casal de gêmeos que tinha falecido; a mulher, no entanto, assegurou-me que não havia outros gêmeos na família e que os que ela estava carregando estavam muito vivos. Depois do nosso encontro, a minha cliente perguntou à mãe se havia outros gêmeos na família, mas a mãe afirmou peremptoriamente não saber.

Depois de dar à luz, a mulher me procurou outra vez e eu novamente vi os gêmeos em espírito. Tudo o que eu podia dizer era que eles estavam ali e insistiam em afirmar que eram filhos dela. Mais uma vez, ela confirmou que seus gêmeos estavam vivos e voltou a falar com a mãe, perguntando se ela não poderia ter se esquecido desses gêmeos, que talvez pertencessem a uma geração passada.

Nesse momento a mãe caiu em prantos e confessou que, antes da minha cliente nascer, havia dado à luz um casal de gêmeos que tinha morrido. Ela contou à filha que nunca fora capaz de falar sobre eles porque a experiência fora extremamente dolorosa para ela.

O mistério não foi apenas resolvido, mas a minha cliente teve certeza de que os seus filhos gêmeos, de algum modo, tinham sido enviados para "substituir" os gêmeos que a mãe perdera. Ela sentiu que o nascimento deles dava à mãe a oportunidade de pôr um ponto final à dor que há tanto tempo ela guardava dentro de si. E, além disso, ela e a mãe conseguiriam chegar a um nível de intimidade que não tinha sido possível enquanto a mãe se negava a lhe contar seu segredo.

Nesse exemplo, a minha cliente nem se dava conta de que havia uma questão a ser resolvida entre ela e a mãe. Mas como estava aberta à possibilidade da existência da vida após a morte e como os seus irmãos, no plano espiritual, entenderam que ela estava receptiva à sua mensagem, eles conseguiram dar um passo à frente no caminho do crescimento e da compreensão. Ser capaz de ajudar as pessoas a fazer isso é uma das maiores recompensas que recebo muitas e muitas vezes, graças ao meu dom.

Às vezes, porém, não conseguimos completar todas as lições que precisamos aprender enquanto estamos neste plano. Quando isso acontece, o nosso aprendizado e crescimento têm que continuar no pós-morte. Como eu disse, ninguém passa sozinho deste plano para o plano espiritual. Sempre existe um parente ou ente querido lá, para nos ajudar nessa passagem, mas o mundo espiritual não é necessariamente uma grande reunião de família. Dependendo da lição que a alma tem de aprender, a família ou os entes queridos não continuam necessariamente juntos depois da morte. Existem casos, no entanto, em que as almas *precisam*, por alguma razão, se encontrar do outro lado; nesses casos, elas sempre se encontram, pois isso faz parte do programa delas.

Eles estão lá, geralmente em grupo, quando precisamos entrar em contato com eles, e muito frequentemente mais de um membro da família se apresenta para dar informações que garantam a sua identificação, mas, em outros casos, a jornada da alma pode levar cada membro da família numa direção diferente. Nem sempre as almas precisam aprender as mesmas lições ou cumprir as mesmas tarefas; do contrário não teria sentido. Às vezes isso significa que, assim como acontece nesta vida, as famílias precisam se separar.

Pense no que acontece quando duas pessoas se casam jovens, antes de estarem completamente amadurecidas. Às vezes elas amadurecem juntas e continuam casadas pela vida toda. Mas, muito frequentemente, elas descobrem que uma cresceu mais do que a outra e que precisam seguir caminhos diferentes. Quando isso acontece, elas podem continuar se amando e sempre estarão ligadas – como também à família para a qual entraram – pelos laços criados pelo matrimônio, mas não continuam necessariamente vivendo juntas. O mesmo acontece no reino espiritual. A jornada da alma é de crescimento e é difícil crescer, para não dizer impossível, se nunca nos aventurarmos a andar com as nossas próprias pernas e nos arriscarmos a ir além da nossa "zona de conforto".

Se você pensar nisso como se fosse um trabalho – e lembre-se de que toda alma tem um programa que poderia facilmente ser comparado a um trabalho –, saberá que, se você continuar a fazer o mesmo trabalho ano após ano, não só deixará de aprender novas habilidades como também ficará aborrecido e estagnado. Você já ouviu dizer que insanidade é o mesmo que fazer sempre a mesma coisa e esperar resultados diferentes? (Acho que o trabalho como médium é uma exceção, pois sempre estamos aprendendo mais e mais com o que fazemos; esse é um "cargo vitalício"). A fim de crescer e aprender, tanto no plano espiritual quanto no material, você tem que seguir em frente, mudar e assumir riscos.

É por isso que até os que morrem na infância continuam a crescer e amadurecer do Outro Lado. Mas, quando fazem contato conosco, deste plano, eles sempre são reconhecíveis, pois nos dão as informações de que precisamos para isso. Muitas vezes, quando uma criança se apresenta para mim, ela informa a idade que tem no momento, não a idade em que morreu. Então, quando eu pergunto aos pais que idade a criança tinha quando faleceu, a diferença coincide exatamente com o número de anos que se passaram desde a sua morte.

Quando é hora de voltar

Se a Alma nunca morre e o propósito da sua jornada é aprender e se desenvolver, chega uma época em que essa jornada precisa prosseguir neste plano. É então que descobrimos o propósito da reencarnação. Ao concluir cada uma das suas vidas na Terra e durante o período entre vidas, a nossa alma terá aprendido tudo de que precisa para avançar até a etapa seguinte de crescimento ou terá aprendido tudo o que pode *sem* um corpo físico. Em ambos os casos chegará um momento em que ela terá que reencarnar e voltar para esta vida.

Estamos todos aqui, como eu disse, com um propósito. Nós todos, em nosso corpo físico, representamos só uma parada na jornada constante da nossa alma; e somos o que somos porque cada alma escolhe um determinado caminho de aprendizado e crescimento. À medida que você prosseguir a leitura e aprender mais sobre o que eu chamo de *Programa Anímico*, entenderá melhor por que eu sei que tudo tem uma razão de ser, nada acontece por acidente na vida e as coincidências são apenas um jeito de Deus continuar anônimo. Por ora, deixe-me simplesmente assegurar-lhe que você também está aqui com um propósito e fazer contato com aqueles que já se foram é um dos meios pelos quais você poderá descobrir que propósito é esse.

Quando eu digo isso às pessoas, elas ficam preocupadas, pensando que os seus entes queridos podem reencarnar e voltar a este plano antes que elas tenham chance de fazer contato com eles. Isso, no entanto, nunca acontece, e por uma simples razão: os DSs sabem o que está acontecendo neste plano e cabe a *eles* nos ajudar quando precisamos. Faz parte do programa deles nos ajudar a cumprir o nosso, e por isso eles nem pensam em nos desamparar – na verdade nem podem –, enquanto forem necessários. Além disso, geralmente são necessárias cinco gerações para que uma alma possa reencarnar. Essa é só uma regra geral e, como toda regra, tem suas exceções. Portanto, eu lhe peço – e eu sei que costumamos ouvir só que queremos –, não saia por aí dizendo que, segundo Suzane, *só* podemos encarnar a cada cinco gerações. Não, o que estou dizendo é que essa é a regra geral, mas, se alguém precisar entrar em contato com um ente querido deste lado ou do outro, os DSs farão o possível para que esse contato aconteça. Eu comentei sobre isso uma vez num seminário e depois um cavalheiro, que trabalhava em cemitérios, me procurou para dizer que "aquela explicação das cinco gerações" fazia sentido para ele. Ele me disse que era muito comum entre as pessoas que trabalhavam em cemitérios notar que, depois de cinco gerações, as famílias deixavam de visitar as sepulturas. Eu não sabia disso, você sabia?

Mas, por outro lado, se os DSs souberem que cumpriram o seu dever, dando-lhe a certeza de que amam você e ainda fazem parte da sua vida, eles podem não entrar mais em contato, pois sabem que você precisa superar a dependência que tem deles para conseguir prosseguir a sua jornada na Terra. É por isso que algumas pessoas podem receber apenas uma mensagem ou fazer apenas um único contato com um ente querido falecido, enquanto outras continuam a manter um contato frequente e por tempo prolongado. Os DSs sabem do que precisamos, mesmo quando nós mesmos não sabemos, e eles sempre visam o nosso bem maior.

O mais importante é lembrar que, embora possam ter passado para outro plano, os nossos entes queridos na verdade não nos deixaram. Eles ainda se preocupam conosco e querem nos ajudar. Embora fisicamente não sejamos capazes de enlaçá-los e lhes dar um abraço, ainda podemos fazer contato com eles e fazê-los saber que nós também os amamos. Ainda temos chance de dizer coisas que talvez tenhamos deixado de dizer quando eles estavam vivos, e ainda podemos resolver questões que não foram resolvidas antes de eles partirem. O que precisamos ter sempre em mente, porém, é que, embora *nós* precisemos resolver essas questões pendentes, os nossos entes queridos não precisam. Mesmo que, em vida, eles tenham demonstrado desapontamento, raiva, ciúme ou estivessem contrariados conosco, esses sentimentos ficaram para trás quando eles morreram. E, enquanto eles fazem tudo o que está ao alcance deles para nos ajudar a ficar em paz com os nossos sentimentos, tudo o que sentem por nós agora é amor.

Capítulo três

O que significa Programa de Limite

Quando eu era muito mais jovem e não entendia a facilidade que tinha para me comunicar com os DSs (algo que agora eu considero um dom especial concedido por Deus), percebi que os membros da Sociedade das Pessoas Mortas iriam se apresentar quer eu quisesse quer não. Às vezes, era embaraçoso; outras vezes, as pessoas achavam que eu era louca e, em outras ainda, até eu mesma achava que era louca. Durante um longo período, tentei ignorá-los, esperando que eles "desistissem" e fossem procurar outra pessoa. Eu agora percebo, é claro, que eles estavam apenas aproveitando a minha "linha aberta" para tentar me fazer entender uma vocação que nem eu mesma admitia ter. Mas eu também entendo que, se a minha linha telefônica psíquica não estivesse pronta para receber suas chamadas, eles não tentariam fazer contato. Se eu não estivesse pronta, eles não tentariam se comunicar. Essa é a premissa básica do Programa de Limite.

O Programa de Limite é um protocolo baseado no respeito, que significa que ninguém deste plano ou do plano espiritual pode entrar nas vibrações de outra pessoa sem a permissão dela. Para muitas pessoas, acho que a noção de que os DSs podem entrar em contato conosco, e nós com eles, não só é esquisita como um pouco assustadora, especialmente se o relacionamento entre a pessoa viva e a que faleceu não foi muito bom. E parte desse medo, creio eu, é fruto da noção equivocada de que os mortos ficam nos "espiando" desde o Outro Lado – que eles, na verdade, podem "ver" tudo o que estamos fazendo aqui na Terra o tempo todo.

Quem afinal de contas, deseja ver sua sogra intrometida avaliando, do Além, as suas habilidades como dona de casa? Ou o seu pai superprotetor julgando o seu novo romance? Nossos pais tampouco nos observam enquanto fazemos sexo (e com quem e como) ou nos espiam no banheiro, para ter certeza de que nos "limpamos" direito. Essa ideia seria realmente apavorante para qualquer pessoa, mas na verdade as coisas não acontecem dessa maneira. Se acontecessem, eu seria todo dia bombardeada com "mensagens" que não compreenderia direito, mas deveria transmitir a pessoas que nem sequer conheço!

Todo mundo que eu conheço presumiria que sou capaz de "ler a mente" delas ou de receber comunicações dos seus entes queridos que já partiram. As pessoas teriam medo de mim (com uma boa razão) e eu provavelmente enlouqueceria, o que era exatamente o que eu pensava a princípio, quando ainda não entendia bem como a mediunidade funcionava. Mas agora que eu entendo, sou capaz de sintonizar ou não as vibrações dos DSs, para que eles saibam, como eles costumam educadamente dizer, quando estou "recebendo" e quando "não estou para visitas". E os DSs respeitam a minha vontade, assim como respeitam a de todo mundo deste plano.

Deixe que eles saibam que você é receptivo

Para receber mensagens dos nossos entes queridos do outro plano, temos de estar mental e emocionalmente abertos e preparados para aceitar o que eles têm a nos dizer. Bem, pelo menos, precisamos ouvi-los. Também cabe a nós informá-los quando estamos prontos para entrar em contato com eles. Para facilitar a comunicação, você pode, é claro, marcar um encontro com os DSs da sua vida, como eu ensinei anteriormente. Desse modo, eles saberão quando e onde você espera ouvir as suas mensagens. Mas, mesmo que você não fizer isso, eles serão capazes de captar as suas vibrações, esteja você pronto ou não para ouvi-los. Se você ainda lamenta a morte de um ente querido, se ela foi particularmente traumática, ou se você ainda tem raiva ou se sente confuso com relação ao seu falecimento, pode querer se comunicar, mas ainda ter certas reservas.

Os DSs baseiam-se nos seus sentimentos para saber se devem ou não fazer contato e, se você ainda está traumatizado ou emocionalmente abalado, eles sabem que você não tem condições ainda de receber as suas comunicações. Na verdade, ninguém consegue se comunicar com uma pessoa nesse estado. Para os DSs, levar em conta o seu estado emocional faz parte do Programa de Limites e eles vão esperar até sentirem que você recuperou a lucidez e a paz de espírito. Nesse caso, cabe a você informá-los enviando mensagens mentais de que está pronto ou não. *Eu quero ouvir as suas mensagens, mas não estou emocionalmente preparado agora, ou estou pronto para ouvi-lo.*

Isso me lembra de uma participante de um dos meus seminários cuja filha dormia no quarto do avô falecido e recebia suas visitas regularmente. Ela contou isso à mãe e também que estava um pouco assustada com essas visitas. A mãe me perguntou o que dizer a ela. Respondi que não havia problema em dizer à filha que ela deveria admitir ao avô que gostava das suas visitas, mas achava que não era o momento certo. Será que ele não poderia vir numa outra ocasião, quando ela se sentisse mais à vontade com suas visitas? Nesse caso, a mãe não queria deter o desenvolvimento de um possível dom da filha, mas gostaria que ela se sentisse segura e com a situação sob controle.

O DS respeitará os seus desejos, pois ele está ligado a você por laços de amor, mas é também dever dele informá-lo de que tudo está bem e que ele ainda ama você, por isso às vezes ele pode vir por meio de outra pessoa para lhe enviar uma mensagem. Geralmente isso acontece por intermédio de outro membro da família, mas às vezes o DS se vale da boa vontade e da receptividade de uma pessoa totalmente estranha, como no caso de uma das minhas sessões mais recentes. Essa visita inesperada propiciou-me uma das experiências mais tocantes de toda a tarde, e até os participantes não diretamente envolvidos puderam sentir que ela foi extremamente comovente para a mulher que recebeu a mensagem:

Uma mulher, Rita, veio à sessão com a irmã e ambas receberam e aceitaram muitas mensagens claras de vários membros da família. Então, quando a sessão já estava no fim, uma mulher se aproximou de mim, mostrando-me insistentemente uma vela, que tinha sido acesa, segundo ela, para dar boas-vindas. Claro, uma vela. Praticamente todos na sala poderiam pensar numa ocasião em que uma vela podia ter sido significativa, mas ninguém parecia achar que essa vela, em particular, tinha um sentido real para si. Ninguém tinha reivindicado a mensagem, até que Rita lembrou-se de que havia comparecido ao funeral da mãe de uma amiga e que velas tinham sido acesas. Aquela era exatamente a ligação que o espírito da mulher queria que ela fizesse. Ela comunicou que queria que Rita dissesse à sua filha e ao seu neto que ela tinha feito contato, que agora estava bem e não sentia mais dor. Acrescentou que tinha ficado no plano material por mais tempo do que desejara, que ela estivera muito mais consciente do que ocorria, no final, do que a filha supusera e que estava feliz de estar onde estava. Comentou que tinha sido recepcionada pelo marido, falecido antes dela, e confirmou que a filha tinha dado a Rita, depois da sua morte, uma travessa de prata que era dela.

Quando o contato se desfez, Rita estava em prantos, e a emoção na sala era palpável. Talvez fosse porque a mensagem tinha sido muito inesperada ou porque estava cheia de amor; só sei que aquela foi definitivamente um dos contatos mais surpreendentes do dia.

Como a morte da mulher era muito recente e a filha ainda estava muito abalada, Rita preferiu não lhe passar a mensagem diretamente. No entanto, como queria muito atender ao pedido da mãe, ela procurou o marido da amiga e contou a ele o que havia acontecido. Sugeriu que ele esperasse para transmitir a mensagem quando a esposa estivesse pronta para recebê-la, e disse que deixaria que ele e a amiga ouvissem a fita gravada da sessão sempre que quisessem.

Os DSs são extremamente sensíveis aos sentimentos daqueles que eles deixaram neste plano, mas, depois que você deixa bem claro que está pronto para ouvi-los (como Rita fez aquele dia simplesmente indo a uma sessão), eles *sem dúvida* entram em contato, pois amam você e consideram um dever fazer com que você saiba disso.

As mensagens que você recebe, porém, podem não ser exatamente aquelas que você queria ou esperava. Ouça-as. Às vezes a mensagem que eles enviam é a que você precisa ouvir, mesmo que ache que não queira.

Lembre-se também de que, seja qual for a nossa noção preconcebida de como eles deveriam falar conosco ou o que eles podem querer dizer, os nossos entes queridos podem ter interesses diferentes dos nossos. Eles estão num lugar diferente agora, tanto no sentido literal quanto no figurado, e o que é importante para nós pode não ser mais para eles (ou talvez eles simplesmente não queiram falar a respeito).

Quando nos relacionamos com os vivos, compreendemos que nem todos estão dispostos ou podem se comunicar abertamente como gostaríamos. Nem todos são capazes de expressar os seus sentimentos. Talvez a sua mãe fosse mais terna e acessível do que seu pai, que era uma pessoa mais contida. Isso não significa que ele o amasse menos; só significa que ele não tinha o costume de se abrir. Na maioria das famílias, muitas coisas nunca são ditas. E, no entanto, quando alguém morre, esperamos que essa dinâmica mude. Os DSs de fato mudam, pelo menos no que diz respeito à responsabilidade que têm de nos informar que vêm nos visitar, mas parece que esperamos que eles não só venham nos visitar como também nos digam tudo o que queremos ouvir e do modo como queremos. Isso nem sempre acontece na vida, e não há razão para esperarmos que sempre aconteça quando um dos nossos entes queridos falece.

Às vezes nem temos consciência de que estamos abrindo a porta ou convidando os nossos entes queridos para que venham nos visitar em espírito, e então a resposta que recebemos pode ser uma grande surpresa. Na verdade, pode ser apenas uma "coincidência" que convença um cético inflexível de que há algo em sua vida que está além do simples acaso.

Um cético como esse ligou não muito tempo atrás para um programa de rádio que eu estava fazendo, para contar sobre a sua reveladora experiência:

O cavalheiro que estava na linha contou que estava instalando um ventilador de teto no seu novo apartamento. O amigo dele, que o auxiliava, perguntou onde ele tinha aprendido essa nova habilidade e ele contou que tinha aprendido com o pai, que era eletricista. Então ele começou a falar sobre o pai e pensou que, sem dúvida, se ele estivesse ali para ajudar, a instalação seria muito mais rápida. Então, quando estava prestes a acabar, ele percebeu que faltavam dois parafusos, sem os quais não conseguiria fixar o ventilador. Resmungando entre dentes que nenhum trabalho é tão fácil quanto parece, ele desceu da escada e foi buscar a caixa de ferramentas que o pai lhe deixara, para ver se encontrava dois parafusos que servissem. Enquanto revirava a caixa, viu de repente, bem em cima, dois parafusos verdes que pareciam ter surgido do nada. Você se surpreenderia ao saber que eram exatamente do tamanho de que ele precisava? Mudo de espanto, ele fixou os parafusos e acabou de instalar o ventilador, com um sorriso nos lábios.

Até o meu ouvinte cético teve que admitir que o fato de achar dois parafusos do tamanho certo e de cor diferente de todos os outros da caixa estava muito além do que qualquer pessoa poderia chamar de coincidência. Não raro, a ajuda que obtemos dos DSs pode ser de natureza muito prática!

Às vezes, pedimos algo e, quando conseguimos, somos cegos, tolos ou teimosos demais para aceitar. Isso aconteceu comigo alguns anos atrás, quando eu era muito jovem, muito pobre e, creio eu, muito mais ignorante com relação ao modo como essas coisas funcionam do que sou agora. Estava sentada no meu apartamento um dia, morta de fome, imaginando como seria bom se eu tivesse dinheiro para comprar os ingredientes para um guisado de legumes. Isso era tudo o que eu queria, e me lembro de ter dito em voz alta para Deus, "Tudo o que eu quero é uma travessa cheia de guisado. Será que isso é pedir muito? Sou uma pessoa tão ruim assim?" E então, uns vinte minutos depois, uma amiga me ligou convidando-me para jantar, em agradecimento a algo que eu tinha feito para ajudá-la a resolver um problema. E o que você pensa que eu fiz? "Ah, tudo bem, não se incomode ..." Eu recusei o convite! Eu simplesmente consegui o que queria – algo para comer – e joguei fora porque não tinha sido exatamente da maneira que eu queria.

Achamos que vamos receber informações do jeito que queremos; nós até decidimos que tipo de informação queremos e como iremos recebê-la. Mas nem sempre é assim que acontece. Acho que naquele dia Deus tentou me dizer que eu não era uma pessoa tão ruim e merecia o guisado que eu queria, mas eu simplesmente não consegui ver isso na época, porque o tal guisado não caiu do céu, numa bandeja. Peço que você procure ser mais alerta e menos teimosa do que eu fui, para reconhecer quando está recebendo algo que pediu – mesmo que isso não chegue exatamente do jeito que você imaginou que chegaria (ou deveria chegar) – e não seja tão teimoso a ponto de recusar!

Às vezes eles não podem dizer porque o amam

Pode haver ocasiões em que precisemos muito de um tipo de ajuda ou de informação que o DS, por causa dos protocolos do Programa de Limites, não tem autorização para nos dar. Os DSs não podem, por exemplo, transmitir informações que interfiram na nossa progressão kármica, alterando o curso da jornada da nossa alma na Terra. Embora seja tarefa deles ajudá-lo a superar a dor, para que você possa continuar vivendo a sua vida, eles não podem interromper ou redirecionar o caminho que você escolheu, pois assim estariam violando a sua liberdade de escolha (algo que eu discutirei no capítulo a seguir) e impedindo-o de aprender as lições que está aqui para aprender, ou seja, estariam prejudicando você em vez de ajudá-lo. Mais uma vez repito: tudo é uma questão de amor.

Assim, quando uma cliente me pergunta se um DS pode revelar o que vai acontecer a ela no futuro, eu só posso responder: ele provavelmente sabe a resposta, mas não pode lhe dizer. Se você, por exemplo, fosse perguntar ao espírito da sua mãe, "Devo me casar com George?" ou "Devo pedir demissão do meu emprego?", você provavelmente não receberia uma resposta, pois essa decisão é sua – é uma das lições que precisa aprender. E, se você de fato se casar com George e ele se revelar um patife, ou pedir demissão e arrumar outro emprego ainda pior, bem, essas são lições também.

Mas os DSs de fato amam você, o que significa que eles querem ajudá-lo da melhor maneira possível. Portanto, eles podem colocar uma determinada pessoa em seu caminho ou provocar uma circunstância na sua vida – anonimamente, é claro – e cabe a você aproveitar ou não a oportunidade. É muito comum, por exemplo, quando um dos pais morre, o filho encontrar, por coincidência, alguém um pouco depois e, então, numa sessão, o pai revelar que ele "mexeu os pauzinhos" para garantir que esse encontro acontecesse. Colocar uma pessoa ou circunstância no seu caminho é uma maneira de ajudá-lo a seguir adiante com a sua vida – caso você esteja suficientemente alerta para enxergar a oportunidade e optar por tirar vantagem dela. Pense nos DSs como seus anjos da guarda, pois, embora nem todos os anjos da guarda sejam DSs ligados a você, muitos deles são, e eles procuram fazer por você tudo o que está ao alcance deles. Se você está precisando, peça ajuda; você a receberá daqueles que estão do Outro Lado.

Eles estão sempre dispostos a ajudá-lo; e querem que você saiba disso. Eis porque, em certas ocasiões, como nas datas festivas, muitas pessoas contam "sentir a presença" de um ente querido ou recebem uma mensagem que, fazendo uma retrospectiva, descobrem ter vindo de uma pessoa já falecida. Isso vale especialmente para eventos que marcam um acontecimento importante da vida da pessoa. É muito frequente, por exemplo, uma noiva ou noivo sentir a presença de um dos pais, já falecidos, durante a cerimônia de casamento.

Eles o respeitam porque o amam

O Programa de Limites, como eu disse, baseia-se no respeito – pelos seus sentimentos e pela sua privacidade. Por essa razão, os DSs não transmitem informações na presença de outras pessoas caso elas possam prejudicar o seu relacionamento com aqueles que ainda estão no plano material.

Não faz muito tempo, uma mulher me procurou, acompanhada da filha e do irmão, que por acaso era padre. O marido dela tinha falecido e ela queria dar à filha a oportunidade de fazer contato com ele. Desde o momento em que eles entraram na sala, senti que o irmão da mulher opunha muita resistência com relação ao que iríamos fazer. E seu comportamento era muito estranho. Na ocasião, eu simplesmente atribuí esse comportamento ao fato de que ele era padre e de que sua religião dificultava a aceitação da possibilidade da comunicação com os mortos, pois essa é uma triste verdade para muitos religiosos.

O marido da mulher de fato veio aquele dia. Tanto ela quanto o irmão confirmaram as informações recebidas com respostas do tipo "sim" ou "não", mas estavam muito menos receptivos do que as pessoas costumam estar, principalmente numa sessão particular. Geralmente as pessoas não só confirmam que compreenderam a mensagem, mas também se mostram ávidas para me contar por que e em que sentido ela lhes é importante. Mas com esses dois a coisa foi diferente.

Só posteriormente vim a saber, por meio da mulher, que o marido e o irmão dela não se davam bem e a filha não sabia da animosidade entre eles. Ela contou que o irmão estava com receio de que o marido dissesse alguma coisa que revelasse à sobrinha o quanto o relacionamento entre eles tinha sido difícil, e que esse era o motivo da sua atitude estranha.

Evidentemente, o pai não ia colocar a filha a par do que era, afinal de contas, uma questão particular entre ele e o cunhado. Ele estava muito bem informado sobre a dinâmica da família e não deixaria que os seus sentimentos prejudicassem o relacionamento entre a filha e o tio dela. É disso que se trata o Programa de Limites. Se a mulher tivesse me inteirado da situação previamente, eu poderia tê-la tranquilizado. Quando ela me contou, fiquei me perguntando por que o irmão dela tinha resolvido acompanhá-la, no final das contas, mas suspeito que ele simplesmente estava mais nervoso com a possibilidade de *não* ouvir o que o cunhado tinha a dizer do que o contrário.

Nas sessões e seminários, onde há grupos maiores de pessoas – na maioria estranhas umas às outras –, a questão da privacidade se torna até mais relevante do que nas sessões particulares. Nas situações de grupo, é como se pedissem à pessoa que ela ficasse nua em público – e, na verdade, suas emoções são muitas vezes desnudadas diante de toda a sala. Essa é uma das razões, como já mencionei, de eu sempre deixar o ambiente na penumbra durante todas as sessões. Mas, mais uma vez, repito que o protocolo do respeito está sempre em vigor – pelo menos quando se trata dos DSs. Os vivos, infelizmente, nem sempre são tão respeitosos.

Depois de uma sessão em grupo que fiz na minha casa alguns anos atrás, uma das participantes, uma mulher chamada Harriet, contou-me que já fizera uma sessão particular comigo muitos anos antes. Eu, evidentemente, não me lembrava de nada que tivesse acontecido na sessão, tanto porque lido com muitas pessoas como também porque só sei o que aconteceu na sessão quando a própria pessoa me lembra ou me conta a respeito.

Durante a sessão, Harriet recebeu muitas informações e mensagens de seus entes queridos falecidos, incluindo seu irmão, que pediu que ela garantisse aos pais que ele estava bem e reconhecendo que o seu falecimento tinha causado muita dor à família. Eu senti ferimentos na cabeça e na parte superior do corpo e percebi que ele tivera uma morte rápida, mas ele não disse nada específico sobre a sua morte.

Posteriormente, Harriet me contou que o irmão tinha se matado com um tiro e disse também que, na sua sessão particular anterior, eu tinha descrito a morte dele de maneira tão exata e surpreendente que ela tinha ficado "atônita". E ela gostaria de saber por que as informações que o irmão tinha oferecido desta vez tinham sido tão pouco específicas.

Eu lhe disse que havia duas possibilidades. A primeira era que, por já ter se comunicado com ela antes e estar consciente de que a irmã já sabia do seu contato constante, ele não sentia necessidade de fazer nada agora além de confirmar a sua presença ao lado dela. Ou, muito provavelmente, ele estava protegendo a privacidade dela, não revelando os detalhes da sua morte diante de uma sala repleta de pessoas com quem ela poderia não querer compartilhar essa informação. Sempre existe um motivo, quer entendamos quer não, para os DSs nos transmitir ou não uma informação.

Quando o ente querido foi assassinado

Obviamente, qualquer tipo de morte violenta é traumática, não só para quem fica, mas também para a pessoa que a sofreu. Nos casos de assassinato, as ramificações podem ser extremamente difíceis para ambos. Eis as duas coisas que as pessoas mais querem saber sobre os seus entes queridos cuja morte foi causada por esse tipo de violência: se a vítima sentiu dor e quem foi o assassino.

A morte violenta pode complicar a comunicação, pois ela pode ter sido tão repentina ou chocante que o DS nem percebeu que já está morto. Como a comunicação depende dessa consciência, eu não posso entrar em contato com uma pessoa que ainda não está ciente de que já fez a transição. Nesses casos, porém, eu costumo receber uma mensagem de alguém próximo da vítima, talvez aquela que a ajudou desde a passagem, informando à família que seu ente querido não está sozinho e está bem.

Por outro lado, saber quem foi o assassino pode ser uma questão mais complicada, que muitas vezes depende dos protocolos do Programa de Limites. Em certas circunstâncias, o DS sente, por exemplo, que pode colocar o familiar em perigo caso revele essa informação; nesses casos, ele não poderá dizer nada. Eu passei por isso uma vez, alguns anos atrás, quando um casal de irmãos me procurou querendo saber da mãe, que tinha sido assassinada.

A mãe, disseram-me, tinha atendido à porta um dia e recebido um tiro na cabeça à queima-roupa. Os filhos estavam em casa, mas não chegaram a tempo de ver o assassino. Então me procuraram para pedir à mãe que lhes contasse quem a assassinara. A mãe fez contato durante a sessão e lhes deu informações suficientes para que os filhos tivessem certeza de que se tratava mesmo dela, mas não contou, ou não pôde contar, quem era o assassino. Nesse caso, tive de explicar aos filhos que não era o momento de descobrirem a verdade. Eu, pessoalmente, tenho a certeza de que ela sabia (ou acreditava) que a ignorância era a única maneira de que ela dispunha para protegê-los.

Em outra ocasião, porém, o resultado foi muito diferente. O irmão de uma amiga minha tinha desaparecido e ela me pediu para tentar descobrir o que havia acontecido. A minha amiga tinha quase certeza de que ele havia morrido, apesar de o corpo não ter sido encontrado. Embora localizar cadáveres ou ajudar na investigação de crimes não sejam coisas que eu normalmente faça, por várias razões que explicarei posteriormente, quis ajudar essa amiga. Eu consegui "ver" o corpo do irmão dela no porta-malas de um carro e vi que o carro estava perto da água. Não pude afirmar que o corpo ainda estava no porta-malas, mas sabia que o homem estava morto. Consegui até descobrir o nome do assassino que, depois vim a saber, era alguém que a irmã dele conhecia muito bem. Nesse caso, eu tive *permissão* para receber informações, pois o DS achou conveniente me contar.

Às vezes, a vítima praticamente *insiste* em transmitir informações. Uma mulher me procurou um dia com os dois filhos, à procura do ex-marido. Depois de se casar novamente, ele havia se mudado para o Sul e recentemente desaparecera. Na época não havia provas de que ele estava morto. Na verdade, a segunda esposa insistia em dizer que ele tinha simplesmente "ido embora". Ela até mandou aos filhos dele uma foto do laguinho que ele estava construindo na época. O pai estava tão orgulhoso dele que ela achou que os filhos gostariam de vê-lo. O filho mais velho, contudo, tinha certeza de que o pai estava morto. Sem demora, o homem apareceu, anunciando veementemente que a segunda mulher e o namorado dela o tinham assassinado. Ele também mencionou "o laguinho" várias vezes e essa insistência levantou as suspeitas do filho mais velho, que pediu à polícia da cidade para investigar o caso mais a fundo. Quando fizeram isso, descobriram que ele tinha sido enterrado no laguinho.

Esses são exemplos extremos, sem mencionar a violência, do Programa de Limites em ação, mas eles podem ajudar você a entender que existem protocolos destinados à nossa proteção, e essa é uma prova de que os nossos entes queridos continuam a fazer o melhor que podem por nós, mesmo depois da morte.

Esse protocolo de proteção, no entanto, pode ter ramificações mais amplas, no que diz respeito à capacidade do médium de entrar em contato com o DS. Se não conseguimos transmitir aos vivos a informação que buscam, eles muitas vezes consideram isso uma prova da nossa incapacidade e não levam em consideração os outros dados que porventura tenhamos conseguido. O que essas pessoas não compreendem, porém, é que os DSs podem estar nos protegendo (a nós, os médiuns), assim como protegem os seus entes queridos.

E se de fato acusássemos alguém de assassinato? Quem acreditaria em nós? Certamente a nossa informação não poderia ser usada como prova nos tribunais e poderíamos sem dúvida ser processados por calúnia. Os DSs sabem disso e podem muito bem decidir que seria muito arriscado para *nós* caso transmitissem esse tipo de informação.

Também pode acontecer de o DS ter superado o motivo de sua morte e que agora esteja mais preocupado com a missão que a sua alma tem que concluir para progredir em sua evolução. Não podemos simplesmente presumir que os interesses dele sejam os mesmos que os nossos.

Pouco tempo atrás, devido à grande publicidade em torno do desaparecimento de crianças, viviam me perguntando (nem sempre educadamente, devo acrescentar) por que, se eu era "tão boa" médium, não podia descobrir o paradeiro de todas essas crianças desaparecidas. Francamente, estou cansada de ser acusada de "tirar o corpo fora" ou de falhar de algum modo em meu trabalho. Minha resposta a essas pessoas é sempre a mesma: se você nunca trabalhou com alguém do meu campo de trabalho, como pode saber como os médiuns trabalham? Além disso, se *tivéssemos* acesso a informações sobre todo tipo de crime, não haveria mais livre-arbítrio, nenhuma possibilidade de escolha individual na vida, como a conhecemos.

Os médiuns são "paranormais" certamente, mas nem todo paranormal é médium. E como os paranormais de fato às vezes ajudam nas investigações policiais, devo esclarecer a diferença entre a maneira como eles coletam informações e a maneira como o médium trabalha. É verdade que ambos buscam informações na mesma fonte, mas os paranormais não se conectam diretamente com os desencarnados. Eles lidam com informações indicativas e são treinados para receber detalhes específicos relacionados a um caso em particular. Eles podem ajudar a levar investigadores a um determinado lugar ou à própria arma, mas não entram em contato diretamente com a vítima para descobrir quem foi seu algoz.

Além disso, até os paranormais preferem trabalhar com departamentos de polícia de cidades pequenas, onde existe menos pressão política e menos exposição à mídia do que nas cidades grandes ou nos casos de grande repercussão. A família da vítima, e não a polícia, é quem entra em contato com os paranormais e depois repassa as informações às autoridades. Se, no entanto, o caso está em evidência na mídia, a polícia provavelmente não admite que esteja tão "desnorteada" a ponto de recorrer aos poderes de um paranormal. Portanto, antes que as pessoas me acusem e aos meus colegas de não cumprirmos nossos deveres como cidadãos, eu gostaria que elas pensassem um pouco mais nas implicações mais amplas do que exigem de nós.

O meu papel no Programa de Limites

Embora caiba aos DSs, não a mim, decidir que mensagens ou informações eles querem transmitir aos entes queridos, creio que eu, como médium, também tenha certas responsabilidades com respeito a essa comunicação. Só posso dizer mais uma vez que considero a minha capacidade como um dom que recebi do Poder Superior e acredito que tenha de cultivar esse dom e tratá-lo como a bênção que eu sei que ele é. E como as pessoas que me procuram dependem de mim para interpretar tanto a natureza quanto o conteúdo das mensagens que recebo, acredito ser meu dever manter-me sempre vigilante e cautelosa com relação ao que falo a elas e ao modo como falo.

Em alguns casos, o DS pode me confiar, de várias maneiras diferentes, a informação de que seu ente querido ou alguém próximo a ele vai falecer em breve. Embora alguns colegas de profissão possam discordar de mim, eu pessoalmente não acho que tenha o direito de transmitir esse tipo de informação. O motivo é um só: as informações que recebo não são fatos – preto no branco –, nem são transmitidas numa linguagem clara. Os DSs muitas vezes se comunicam "mostrando" um objeto, apontando para uma certa parte do corpo ou transmitindo um sentimento, e é possível que eu interprete mal o que eles estão querendo dizer. Portanto, embora seja certamente importante – na verdade é meu dever e responsabilidade – informar o ente querido sobre qualquer coisa que o DS esteja querendo lhe transmitir, existem maneiras de comunicar a informação que me deixam mais à vontade e deixam a pessoa mais receptiva ao que tenho a dizer.

Eu poderia sugerir, por exemplo, que o DS me disse que é importante que alguém afastado dele ou da família faça as pazes. Poderia dizer que o DS aconselhou uma visita à casa paterna ou pediu que a pessoa fizesse uma visita a um tio ou tia. O meu cliente então se sentiria à vontade para acatar ou não a sugestão. Na verdade, como tudo na vida, temos todos a liberdade para fazer essa escolha, e a escolha que fizermos afetará o curso da nossa jornada anímica, nesta vida e nas seguintes.

Capítulo quatro

O conceito de livre-arbítrio

A credito piamente na existência de um Poder Superior, e essa crença ficou cada vez mais forte no curso do meu trabalho. Mas por mais que essa crença no Poder Superior (seja qual for o nome que você dê a ele) seja forte, eu também sei com a mesma convicção que Ele/Ela nos deu o dom do livre-arbítrio, e onde há livre-arbítrio deve haver também, por definição, poder de escolha. É por isso que os DSs não podem interferir no direito que temos de seguir o nosso próprio caminho, por mais que possamos querer que eles tomem decisões por nós.

Pense em como seria este mundo e a nossa vida neste plano sem o livre-arbítrio. Não haveria razão para optarmos por uma coisa ou outra – ou por qualquer coisa que fosse. O que significariam termos como "moralidade", "ambição" ou "motivação", ou mesmo bem e mal? Se tudo na nossa vida – neste mundo e no seguinte – fosse predeterminado, qual seria o propósito da vida? E como poderíamos conceber um Poder Superior que fosse responsável não só por todo o mal deste mundo, mas também por todas as nossas más escolhas ou más ações? Mas, na verdade, a jornada da nossa alma não é predeterminada. Ela é determinada pelas escolhas que fazemos, graças ao dom do livre-arbítrio.

Criando karma

Como o karma é basicamente um conceito oriental, muitas pessoas no Ocidente não o entendem de fato. Muitas vezes, quando as pessoas falam sobre o karma, elas parecem pensar nele em termos de recompensa e castigo. Quando algo ruim lhes acontece, elas presumem que estão sendo castigadas por algo que fizeram (e obviamente pensam que não deveriam ter feito). Mas o que o karma realmente quer dizer é que todas as ações têm consequências, e que somos responsáveis pelas consequências das nossas ações. Em termos bíblicos, "aquilo que o homem semeia também ceifará"; e, do ponto de vista científico, a toda ação corresponde uma reação. Não é o mesmo que sermos *castigados* pelas nossas más ações.

Em outras palavras, se fizermos uma determinada escolha, exercitando o nosso livre-arbítrio, essa escolha terá consequências. Se continuarmos a fazer as mesmas escolhas, elas continuarão a causar as mesmas consequências. Isso chama-se manter a *roda do karma*. A roda gira sem parar – ou, como diz o ditado, o que vai volta – e se ficarmos nela continuaremos simplesmente a andar em círculos. Mas, é claro, temos escolha quanto a isso também. Podemos optar por sair da roda, fazendo uma escolha diferente.

Se continuamos a fazer a mesma escolha e ela sempre nos traz as mesmas consequências infelizes, isso não acontece porque algum Poder Superior predeterminou que nunca fôssemos felizes. É porque simplesmente ainda não aprendemos com a experiência a ponto de fazer uma escolha diferente da próxima vez. Ninguém está nos castigando; estamos simplesmente castigando a nós mesmos. Mas, desta vez também, isso tem uma razão de ser.

O karma e a jornada da alma

Para compreender todo o impacto da interação entre o karma e o livre-arbítrio, você precisa se lembrar de que a sua vida atual, ou encarnação neste plano, é só uma parada na jornada infinita da sua alma.

Já mencionamos o fato de que, sem livre-arbítrio, a vida não teria um propósito verdadeiro. Estaríamos todos sentados por aí tentando descobrir o que alguém lá em cima planejou para nós. Mas a vida tem, sim, um propósito; tudo tem uma razão de ser. E a razão da qual nem sempre temos consciência pode ser o resultado de uma escolha feita pela alma antes mesmo de chegarmos a esse plano.

A percepção humana no plano material é limitada com relação ao tempo e ao espaço, por isso quase não temos consciência nenhuma da experiência da nossa alma além deste plano. William Wordsworth, o grande poeta romântico, referiu-se a isso de maneira belíssima ao escrever, "nosso nascimento não é mais que sono e esquecimento". Mas o fato de não termos consciência, nesta vida, das escolhas que nossa alma pode ter feito antes de "nascermos" não significa que não trouxemos conosco, para este mundo, o nosso karma. Se não fomos capazes ainda de sair da roda e, consequentemente, estivermos andando em círculos, e se a nossa alma fez todo o trabalho possível, no mundo espiritual, para que passássemos para um plano superior, pode ser que seja preciso uma encarnação no corpo físico para concluirmos esse trabalho e progredirmos um pouco mais na jornada anímica. São nessas circunstâncias que o "nascimento" acontece.

A escolha dos nossos pais

As escolhas que cada um de nós faz antes de chegar a este plano determinam a nossa identidade aqui na Terra e nos propiciam uma base ou um projeto não só para esta vida, mas para o Pós-Vida e para as vidas futuras. Nenhum de nós está aqui por acaso ou é o que é por acaso. Existe sempre uma razão para a nossa identidade atual, e ela está relacionada à escolha que cada alma fez, antes de vir para este plano, no que diz respeito aos seus pais.

Aqueles que têm um relacionamento difícil ou infeliz com os pais podem não querer acreditar que tenham feito uma "má" escolha. Vocês podem até pensar que eu estou maluca ao tentar fazê-los crer que vocês *poderiam* um dia ter feito essa escolha. Mas eu lhes asseguro, em primeiro lugar, que não estou absolutamente maluca; em segundo, que não existe "má escolha" e, em terceiro, que você definitivamente escolheu os seus pais.

A razão que o levou a escolher os seus pais tem a ver com as lições especiais que a sua alma precisa aprender e o trabalho que ela precisa realizar durante a fase terrena da sua jornada. Portanto, independentemente do que lhe possa parecer, você fez uma "boa" escolha para o crescimento da sua alma. Você precisa ser quem é, neste momento, durante esta sua estadia neste plano, e ao escolher os seus pais você, na verdade, escolheu a sua identidade.

Se os seus pais são amorosos e compreensivos, talvez você precise aprender a ter mais gratidão por tudo o que lhe foi concedido. Se eles são invasivos e superprotetores, talvez seja porque você precise aprender a ser mais assertivo e independente. A criança cujos pais morrem cedo terá um tipo particular de experiência de aprendizado, enquanto outra que tenha que cuidar da mãe ou do pai em idade avançada terá um tipo de experiência bastante diferente. Em cada uma dessas situações, as lições que você aprende são as que precisa aprender.

Eu não sei por que uma alma em particular faz determinadas escolhas, e você pode não saber também – pelo menos enquanto ainda está neste plano –, mas o que eu sei é que essas escolhas nunca são arbitrárias e "quem" nós somos nunca é uma simples coincidência. Existem razões que não temos como determinar, com o nosso limitado poder humano, mas elas são feitas sempre pelo bem maior e para a elevação espiritual da Alma.

A escolha da nossa família

Quando escolhemos os nossos pais, também escolhemos – isso deveria ser óbvio, mas não é – todos os outros familiares. A dinâmica em ação dentro do contexto dessa família também faz parte do processo de aprendizado.

Qualquer um que tenha irmãos sabe como uma criança pode ser diferente da outra, mesmo quando são criadas da mesma maneira e pelos mesmos pais. Mas a verdade é que não existem duas crianças criadas da mesma maneira. O filho mais velho, por exemplo, veio a este mundo como o primogênito; seus pais provavelmente eram relativamente jovens e podiam não ter muito dinheiro. A mãe pode ter ficado em casa para cuidar do bebê. Então digamos que o filho mais novo tenha nascido muitos anos depois e tenha irmãos mais velhos.

A família pode ter, nessa ocasião, uma condição financeira mais confortável, pode até ter se mudado para um bairro mais residencial e morar numa casa, em vez de num apartamento. Talvez, nessa época, a mãe tenha voltado a trabalhar ou tenha condições de contratar uma babá. A família em que nasceu o filho caçula é muito diferente da que recebeu o primogênito.

Por conseguinte, essas crianças passarão por experiências diferentes, mesmo que não tenha acontecido nenhuma experiência dramática que as leve a se afastarem. O modo como são tratadas sempre exercerá uma influência sobre a vida delas. Isso se tornará parte das lições que a alma vai aprender na sua jornada. E, obviamente, cada uma dessas crianças escolheu ser o primogênito, o filho caçula ou um dos filhos do meio. Isso também é resultado do livre-arbítrio.

A escolha da nossa jornada de vida

Escolher a própria identidade significa muito mais do que optar por ser uma animadora de torcida loura e bonita, em vez de uma leitora compulsiva tímida e rechonchuda, embora a aparência seja certamente uma parte básica da nossa identidade. Significa também que você escolhe o projeto básico da sua vida, pois a pessoa que você é determina que experiências a vida lhe reserva. Não significa, porém, que toda a sua vida está predeterminada, e que você poderia simplesmente "seguir o fluxo", por assim dizer, pois nada que possa fazer mudará o que já está determinado. Se fosse verdade, isso negaria todo o conceito de livre-arbítrio e tornaria as suas escolhas originais algo completamente sem sentido.

O fato é que você tem o poder de influenciar o que acontece na sua vida. Pode ter optado por nascer numa família rica ou pobre, branca ou negra, que more num bairro chique da Califórnia ou numa região remota da África, mas o modo como você reage às suas experiências é algo que só depende de você. Você poderia, por exemplo, ser um rapaz bonito e carismático, com pais amorosos e generosos, que lhe proporcionassem o melhor da vida, mas mesmo assim estragar tudo ao se envolver com drogas, cometer um crime e acabar na prisão. Esse é um cenário extremo, mas que tem toda possibilidade de acontecer. Ou você poderia nascer numa família pobre e esforçada num país do Terceiro Mundo, destacar-se nos estudos e ganhar uma bolsa na Harvard, tornando-se o cientista responsável por um grande avanço na medicina. Isso também é um caso extremo, mas não impossível, especialmente se você se lembrar da vida de Nelson Mandela, que lutou pelos direitos dos seus compatriotas, ficou na prisão durante trinta anos devido à classe branca dominante e depois se tornou um líder ainda mais importante.

Eu não tenho como saber, é claro, qual era o projeto de vida dele, mas sei que foi ele quem escolheu as circunstâncias que iriam criar sua vida, e que os anos que passou atrás das grades, na África do Sul, foram uma parte necessária da sua jornada. Ele poderia ter reagido de outra maneira à sua prisão, poderia ter se tornado uma pessoa amarga e desiludida, mas não. Em vez disso, sua decisão, forjada na adversidade, ficou mais firme ainda.

Escolhido o conjunto de circunstâncias originais, sua trajetória de vida é determinada pelas suas reações – pelo seu livre-arbítrio — a tais circunstâncias. Os resultados não são predeterminados; são consequência das suas escolhas. Mais uma vez, tudo está relacionado ao karma e ao fato de que toda escolha que fazemos terá consequências na nossa vida.

A vida é um processo e tudo que acontece na nossa vida se torna não só parte desse processo como também da jornada da alma. Para dar um exemplo extremo, embora infelizmente nada incomum, digamos que uma criança sofra maus tratos e abuso sexual quando é bem pequena. Uma criança reagirá de modo diferente da outra. Uma pode ficar mais valente, a outra pode ficar mais dura e uma terceira pode desenvolver fortes sentimentos de compaixão e, na idade adulta, fundar uma ONG para crianças que sofreram abusos. Também pode haver aquela que se torne, ela própria, alguém que abusa de crianças.

Existem sempre possibilidades ilimitadas para o modo como um indivíduo reagirá às circunstâncias da vida e para o que sua alma aprenderá com elas. Como indivíduos, podemos não perceber até que ponto as escolhas e decisões que fazemos na idade adulta são influenciadas por essas escolhas originais, mas a Alma sabe, e nós descobriremos, se não nesta vida, na próxima.

Portanto, voltemos uma vez mais à questão referente a por que uma pessoa faz escolhas aparentemente positivas e outra faz escolhas que parecem tão ruins. Devo repetir que não existem escolhas ruins. As escolhas que você fez a princípio – sobre quem seriam os seus pais e em quem, portanto, você mesmo se transformaria – foram feitas por causa das lições que a sua alma teve que aprender. Seja qual for o modo como você resolva reagir às consequências dessas escolhas, você aprenderá alguma coisa, mesmo que seja apenas que precisa começar a fazer escolhas melhores.

O poder das nossas vibrações

Cada um de nós atrai determinadas pessoas e circunstâncias na nossa vida, e fazemos isso por meio das vibrações que emitimos. Toda a vida é composta de energia, seja no plano físico ou no plano espiritual, de uma alma que abandonou seu corpo físico. A energia tem um poder vibratório que atrai outras energias e se conecta a elas.

Eu já mencionei o fato de que só consigo receber mensagens dos DSs porque sintonizo as minhas vibrações com a frequência deles. Por isso não será difícil para você entender que as vibrações que emite estão mais ou menos em sintonia com as de outras pessoas ou simplesmente com outras fontes de energia.

A energia, como sabemos, nunca se extingue, e é a energia contínua do amor que nos conecta com aqueles que já se foram. Mas também é a energia que nos conecta com outras pessoas deste plano. Quantas vezes você já ouviu alguém dizer, depois de encontrar alguém pela primeira vez, "Não foi amor à primeira vista!" ou "Gostei dele, mas não me senti atraída". É o tipo de energia vibratória que cada um de nós emite que determina quem nos atrairá ou não, ou quem se sentirá ou não atraído por nós.

Todos nós sabemos que alguém que seja alegre, bom astral e positivo emite esses "sinais" para as pessoas à sua volta, enquanto alguém que é depressivo ou que só olha para o lado ruim das coisas também emite esse tipo de sinal. Nossa "atitude" advém da nossa reação às circunstâncias da vida, e os sinais que emitimos determinam quem ou o que atrairemos para nós.

Isso não quer dizer, contudo, que pessoas depressivas sempre atrairão outras deprimidas ou que as alegres necessariamente atrairão apenas polianas. Tenho certeza de que você já ouviu o velho clichê de que "os opostos se atraem" e às vezes isso é verdade. Mas, independentemente de quem ou do que você atrair, pode ter certeza de que é por alguma razão, mesmo que ela nem sempre seja evidente na época.

Talvez você tenha percebido que sempre anda às voltas com pessoas carentes, que exigem seu tempo e atenção. Você pode se perguntar, "Por que eu pareço um ímã para todos os sofredores deste mundo?" Bem, isso pode acontecer por vários motivos diferentes e não vou fingir que sei a resposta – principalmente porque eu não conheço *você*. Um dos motivos plausíveis, porém, é que a sua alma precisa aprender a ter paciência e compaixão para crescer e progredir. Outro motivo igualmente válido é a necessidade de aprender a dizer "não". Ou talvez você tenha um maravilhoso grupo de amigos que parecem sempre estar ao seu lado quando você precisa deles, oferecendo o seu amor e o seu apoio. "Isso não é uma sorte?", você pode pensar. "Conhecer pessoas tão generosas!" Bem, preciso dizer que a "sorte" não tem nada a ver com isso? É mais provável que a sua alma só precisasse aprender a confiar, a aceitar o amor, a olhar para o mundo com mais otimismo ou a ter mais gratidão.

Eu vejo esse tipo de poder vibratório em ação o tempo todo nos meus cursos e seminários. Invariavelmente, as pessoas com experiências semelhantes se sentem atraídas por sinais silenciosos emitidos pela sua energia. Por exemplo, numa sessão em grupo que aconteceu pouco tempo atrás, havia cinco pessoas que se sentaram na mesma fila. Todas haviam sofrido a perda de um filho, um irmão ou um primo, aproximadamente da mesma idade, em acidentes de carro. Isso não foi coincidência; foi a energia do grupo que passava pela mesma experiência.

Se você pensar na energia em termos de eletricidade, pode ficar mais fácil de entender. Existem dois tipos de corrente: Corrente Contínua (CC) e Corrente Alternada (CA). Se você ligar um aparelho que funcione com CA numa tomada CC, ele não vai funcionar (é provável que apenas queime o fusível). Em termos humanos, as circunstâncias da nossa vida criaram um certo tipo de energia em nós que se reflete nas vibrações que emitimos. Essas vibrações, por sua vez, atraem para a nossa vida pessoas com vibrações parecidas. Se estivermos emitindo vibrações CA, não vamos nos conectar com pessoas cujas vibrações sejam de CC e vice-versa.

Eis um exemplo de algo que aconteceu numa excursão recente a Dallas, no Texas:

Eu já estava viajando havia algumas semanas, participando de eventos e noites de autógrafo, quando cheguei a Dallas. Para poder descansar um pouco, eu me registrei no hotel sob um pseudônimo, achando que isso bastaria para evitar alguns telefonemas que recebo quando as pessoas sabem onde estou hospedada e me daria algum tempo para respirar. Se você já fez uma viagem prolongada a trabalho sabe do que estou falando. Um dia livre era tudo o que eu queria.

Como descobri depois, o hotel que a minha agente me reservara era sede de uma convenção da Mary Kay, uma empresa de cosméticos de venda em domicílio, e também um tributo à sua falecida fundadora, Mary Kay Ash. Dallas é a sede dessa empresa, o que significa que o hotel estava lotado e havia aproximadamente 3500 pessoas participando do evento. Além de eu estar usando um pseudônimo, o hotel tinha me concedido uma das suítes presidenciais, com sala de estar, que eu poderia utilizar para as sessões particulares já agendadas, em vez de usar a sala previamente reservada. Eles estavam fazendo o possível para garantir que a minha estadia não fosse prejudicada pela convenção. Isso foi maravilhoso, pois os corredores estavam sempre apinhados de gente e o lugar reservado antecipadamente para as sessões era a sala de reuniões, que ficava um andar acima do grande salão de festas. Não havia condições de se fazer uma sessão tranquila ali.

Quando chegou o dia da sessão coletiva, marcada para as duas da tarde, eu já estava pronta e concentrada para começar a agradecer aos participantes, em torno de meia hora antes de a sessão começar. Eu já contava com algumas das doze pessoas batendo na porta da suíte, ansiosas para saber o que aconteceria. Para minha surpresa, nenhuma delas chegou mais cedo, como sempre acontecia. A princípio, eu pensei um pouco a respeito e concluí que a convenção superlotada da Mary Kay devia ter atrasado a chegada dos participantes e o acesso aos elevadores. Por fim, vi que já eram duas horas e nenhuma das pessoas chegara. Comecei a me perguntar se por acaso eu não tinha confundido a data ou o horário. Eu costumo estar sempre muito atenta a essas coisas e tenho uma ótima assistente para me ajudar, mas quando você viaja durante muito tempo pode acabar com a síndrome do "Em que cidade estou?" ou "Que dia é hoje?". Por isso eu esperei.

Em torno das duas e dez, comecei a ter certeza de que havia alguma coisa errada e liguei para a minha assistente, Linda, em Nova York. Ninguém atendeu e eu só pude deixar uma mensagem. Parco consolo para alguém que já estava começando a ficar preocupada. Então liguei para a recepção do hotel e perguntei se alguém tinha procurado por mim. Sem pensar, só perguntei à recepcionista se alguém tinha procurado por Suzane Northrop. Não informei o número da minha suíte que, evidentemente, não estava em meu nome, mas no do meu pseudônimo. Tentei mais uma vez ligar para Linda, mas foi em vão. Já eram duas e meia da tarde e eu não conseguia imaginar o que podia estar acontecendo. Verifiquei minha agenda e confirmei que se tratava do dia certo. Era difícil acreditar que nenhuma das doze pessoas viria.

De repente, o telefone da minha suíte tocou. Corri para atender e um funcionário da recepção me perguntou, "Senhorita Northrop? "Sim", respondi. "Aqui é o Dan, da recepção, e lamento informar que há um grupo muito chateado de oito pessoas aqui embaixo procurando pela senhorita. Por acaso está aguardando por elas? Posso mandá-las subir?" Aliviada e frenética, eu disse, "Claro, claro, mande-as subir agora mesmo".

Eram quase três horas quando abri a porta para oito pessoas com olhares perplexos e desnorteados no rosto. "Entrem, entrem, por favor", disse a elas. "O que aconteceu e onde vocês estavam? Eu estava preocupada!" Agora vou contar sobre a experiência do grupo, que servirá para ilustrar a afirmação que fiz antes, de que as vibrações semelhantes se atraem.

À medida que a história se desenrolava, descobri que todas elas tinham chegado no mínimo de vinte a trinta minutos antes da sessão. Só duas tinham vindo juntas. Como lhes haviam informado, elas tinham simplesmente consultado o quadro de eventos daquele dia e visto que a sessão seria na sala de reuniões do hotel. Elas se dirigiram ao local para me encontrar, mas quando chegaram, e note que não ao mesmo tempo, descobriram que não havia nenhum aviso mencionando Suzane Northrop. Não havia nenhuma programação para a sala, por isso elas voltaram à recepção para se informar.

Uma a uma, perguntaram na portaria ou na recepção onde o evento de Suzane Northrop teria lugar naquela tarde. Evidentemente, quando disseram esse nome, eles só souberam informar sobre um evento que iria acontecer dali alguns dias. Não havia nenhum registro com esse nome no hotel. A essa altura, os ânimos começaram a ficar mais exaltados e as pessoas começaram a insistir, dizendo que havia um encontro marcado para aquele dia. Nenhum membro do grupo desistiu. O mais impressionante é que, em meio às 3.500 pessoas que estavam no hotel para a convenção da Mary Kay, todos os participantes do meu evento foram atraídos para o quadro de eventos do hotel ao mesmo tempo, para dar uma última checada. Quando os dois que tinham vindo juntos comentaram entre si sobre a sua frustração, as outras pessoas que se aproximavam acabaram entrando na conversa, que já começava a ficar acalorada.

Por fim, elas decidiram por unanimidade fazer uma última tentativa, e todos se dirigiram à recepção. Dan por acaso era uma das únicas pessoas ali que sabiam do meu pseudônimo, assim como o número da minha suíte. (Eu marcara entrevistas com a mídia e os repórteres tinham instruções de se informar na recepção). Ainda por cima, o hotel havia se esquecido de comunicar à minha assistente a troca de quartos, por isso ela não teria percebido a "gafe", mesmo que eu tivesse entrado em contato com ela.

Depois de ouvir essa história, todos demos boas risadas e conseguimos começar a sessão como planejado. Ficou claro que as vibrações semelhantes da intenção das pessoas de vir naquele dia colaboraram para reunir o grupo, o que acabou promovendo uma busca em conjunto. Não nos surpreendemos quando descobrimos que elas tinham outras coisas em comum. Não foi coincidência. O que mais poderia ter evitado que não desistissem e fossem embora?

Quaisquer que sejam as pessoas ou circunstâncias que surjam na sua vida, você precisa entender que você as atraiu, com as suas vibrações, e que existe sempre algum motivo. Você também precisa entender que, se está sofrendo, é porque você mesmo causou esse sofrimento. Você está se castigando. Deus, ou o Poder Superior, não se vinga de você por causa de transgressões passadas, castigando-o nesta vida. Como já esclareci, não é disso que se trata a vida. Pelo contrário, Deus ama você e fará tudo o que estiver ao Seu alcance para ajudá-lo a aprender e a fazer escolhas melhores. Mas, repito, cabe a você decidir fazer isso ou não.

Fazendo escolhas positivas

Pode parecer que estou lhe dizendo que, depois que a sua alma tiver feito a escolha inicial com relação a quem vão ser seus pais e a sua família, você estará mais ou menos por sua conta para "nadar ou afundar", dependendo do quanto as suas escolhas sejam inteligentes ou equivocadas. Mas isso não é verdade. Sempre é possível mudar a trajetória da sua vida para melhor (ou para pior, se você escolher esse caminho), mudando as vibrações que você emite e, consequentemente, atraindo um tipo diferente de energia. Tudo é uma questão de escolha. E aqueles que estão no plano espiritual estão ali para ajudá-lo a fazer isso da maneira que puderem. Uma das formas mais positivas que eles têm de ajudar é fazê-lo saber que eles estão ao seu lado, bem e felizes, e que ainda estão ligados a você, de modo que você possa deixar o passado para trás e seguir em frente. Outra forma é colocar uma pessoa ou circunstância em particular no seu caminho. Eles fazem isso para ajudá-lo a lidar com qualquer questão kármica que precise ser resolvida. Nunca é um castigo. É uma questão de dar oportunidades para cada alma, em seu longo caminho de aprendizado e crescimento.

Dependendo do curso que a nossa vida tomou – e lembre-se que sempre há motivos diretamente relacionados ao programa anímico para ela ter tomado esse curso –, podemos estar enfrentando questões não resolvidas do passado que nos impedem de fazer escolhas melhores e seguir em frente. Costumamos saber quando isso está acontecendo, mas nem sempre sabemos por quê. Podemos nos perguntar por que vivemos cometendo os mesmos erros. Podemos tentar adivinhar por que não somos mais felizes. Em outros tempos, podíamos dizer que estávamos "doentes do coração". Ou a nossa saúde física poderia ter sido afetada. Os adeptos modernos da medicina alternativa podem achar que descobriram a "conexão mente/corpo", mas a antiga filosofia indiana, em que se baseia a medicina ayurvédica, há séculos compreendeu a íntima relação entre a saúde física e emocional. Quando percebemos alguma dessas perturbações em nossa vida, do que realmente sentimos, embora normalmente não o expressemos em tantas palavras, isso é sinal de que nossa alma está fora de prumo e precisamos descobrir um meio de equilibrá-la.

Uma mulher, que veio me procurar depois da morte do irmão, também tinha perdido os pais alguns anos antes, quando era bem jovem. Na idade adulta, ela teve relacionamentos com homens que simplesmente eram incapazes de manter um compromisso duradouro.

Ela sabia que esse se tornara um padrão em sua vida, mas não entendia que atraía esses homens justamente por causa da sua incapacidade de se comprometer, e não sabia como romper o padrão.

As pessoas que enfrentam questões ligadas ao abandono reagem de maneiras diferentes. Às vezes elas sabotam os seus relacionamentos pedindo constantemente ao parceiro que "prove" que realmente as ama e que não vai deixá-las. As pessoas que fazem isso têm propensão para atrair parceiros que não se importam de ser "postos nos trilhos" e que precisam provar a sua lealdade tanto quanto seu parceiro precisa dessa comprovação. Ou, como a mulher dessa história, elas emanam vibrações de abandono, que continuam a atrair pessoas que preencherão as suas expectativas inconscientes. Eu lhe expliquei que ela precisava identificar os padrões que estavam levando-a a repetir as mesmas experiências – como Sísifo rolando eternamente a pedra montanha acima. Agindo assim, ela conseguiria restabelecer o equilíbrio da sua alma e mudar a vibração que estava irradiando, pois nós simplesmente não podemos atrair nada que não esteja de acordo com a nossa vibração.

Fico feliz em dizer que ela finalmente encontrou um homem que, embora ainda não esteja disposto a se casar, parece mais disposto que os outros a mudar. Eles estão morando juntos e a minha cliente deu a esse homem um ano para que ele assumisse o compromisso final. Ao tomar consciência do seu padrão vibratório autodestrutivo, ela conseguiu modificar os sinais que a sua alma estava emitindo. Agindo assim, ela está mudando a trajetória da sua vida.

Será que os entes queridos dela, que estão no mundo espiritual, colocaram esse homem em seu caminho? Não posso dizer com certeza (pois eles não me contaram), mas é provável que sim. Eles não podiam, porém, fazê-la tomar a decisão de recebê-lo em sua vida. Isso era escolha dela. Quando se trata de fazer escolhas positivas na vida, os DSs estão sempre dispostos a ajudar. Como eles amam você, querem não só vê-lo feliz como também vê-lo crescer e evoluir, e farão tudo o que estiver ao seu alcance para ajudá-lo a colocar a sua alma num caminho positivo – e depois deixam a decisão por sua conta.

Até que ponto, nós, seres humanos, podemos ser destrutivos quando a nossa alma está desequilibrada, e até que ponto o contato com aqueles que velam por nós pode ser benéfico são duas coisas belissimamente ilustradas por uma mulher, que chamarei de Mary, a qual conheci num retiro pouco tempo atrás.

A mãe de Mary faleceu de câncer de mama quando Mary tinha apenas 12 anos de idade, o que significa que ela cresceu sem o apoio e a orientação de um modelo feminino. A perda foi tão traumática que ela tentou se suicidar em mais de uma ocasião. Depois, lamentavelmente, quando tinha 30 e poucos anos, Mary e a irmã receberam o diagnóstico de câncer de mama. Ambas tiveram que passar por uma mastectomia radical e Mary também passou por uma histerectomia. Essa mulher, que foi privada da orientação materna, perdeu, desistiu ou praticamente destruiu toda a feminilidade que existia nela.

Quando a conheci, ela também estava sofrendo de Síndrome do Túnel do Carpo nas duas mãos e usava uma espécie de luva de couro que cobria as mãos e os antebraços. Quando ela falava, inconscientemente levantava as luvas diante de si, como se estivesse tentando evitar que alguém chegasse muito perto. Ela estava sofrendo tanto emocionalmente que não percebia que tentava manter as pessoas afastadas até mesmo com a sua linguagem corporal.

Para mim, parecia claro que Mary estava numa encruzilhada na vida. Ou ela tentava encontrar uma maneira de aceitar a morte da mãe e deixava que o amor fizesse parte da sua vida, ou efetivamente acabaria com a própria vida. Como ela compreendeu isso por si mesma, tomou a decisão – por vontade própria – de participar do retiro e tentar mudar os rumos da sua jornada anímica.

Durante a nossa sessão, a mãe de Mary surgiu imediatamente para que a filha soubesse que ela a amava e não tinha partido por vontade própria, mas porque sua morte fazia parte da jornada da sua alma e, portanto, da jornada de Mary e da irmã também. Embora não pudesse jamais compensar o fato de Mary ter crescido e vivido tanto tempo longe da mãe, o contato, assim como o trabalho de aconselhamento que a ajudou a processar a dor, fez com que Mary conseguisse colocar o ponto final de que precisava para superar a perda e mudar o padrão destrutivo que cultivava.

O Programa de Limites e a dádiva do livre-arbítrio

Se a trajetória da nossa jornada anímica é determinada pelas escolhas que fazemos antes e durante a vida, não deve ser difícil entender que o livre-arbítrio não acaba quando deixamos este plano e que os nossos entes queridos do mundo espiritual não podem desrespeitar o nosso livre-arbítrio fazendo alguma coisa que interfira na nossa jornada. Eles podem fazer, e de fato farão, qualquer coisa que esteja ao seu alcance para nos ajudar no nosso caminho: deixando-nos saber que eles nos amam, não importa que tipo de relacionamento tivéssemos aqui na Terra; ajudando-nos a superar a dor, a decepção ou a raiva; e colocando determinadas pessoas ou circunstâncias no nosso caminho. Eles não podem ignorar os protocolos do Programa de Limites dando-nos informações que não deveríamos ter, seja porque isso seria perigoso para nós, seja porque nos impediria de fazer as escolhas de que precisamos para edificar e elevar a nossa alma.

Os DSs também fazem escolhas e temos que acreditar e aprender a aceitar o fato de que as escolhas que fazem por nós são sempre para o nosso bem. Embora as suas razões possam não ser claras para nós no momento, eles de fato as têm e visam sempre aos nossos interesses. Podemos *achar* que sabemos o que é melhor para nós, mas às vezes podemos estar enganados. Na verdade, toda vez que fazemos uma escolha, precisamos *pensar,* na época, que estamos fazendo a escolha certa. Nenhum de nós, afinal de contas, tem a intenção de fazer escolhas autodestrutivas. Mas quantas vezes não percebemos depois que foi justamente isso que fizemos?

É por isso que eu vivo enfatizando aos meus clientes que eles não devem esperar pela mensagem que *gostariam* de receber. Os nossos entes queridos não vão entrar em contato conosco só para tirar a nossa paz ou nos deixar infelizes. Eles nos amam e não querem nos trazer infelicidade, mas sabem – embora nós possamos não saber –

que, a longo prazo, nem sempre é bom para nós ouvir o que queremos que eles nos digam, pois isso pode deixar de contribuir com o nosso crescimento.

Embora no plano físico, nossa perspectiva seja limitada devido às restrições do espaço e do tempo, o mesmo não acontece com os DSs. O nosso conhecimento não é tão amplo quanto o deles devido às limitações da nossa consciência. Os DSs, por outro lado, não estão restritos pelo espaço e pelo tempo, mas não têm liberdade para interferir no nosso processo de aprendizado, pois é por meio dele que expandimos a consciência e estimulamos o processo espiritual, ao reagir às circunstâncias da vida.

Também cabe a nós dar atenção às mensagens que os DSs nos transmitem. As linhas de comunicação entre os planos físico e espiritual estão abertas nas duas extremidades, e temos a opção de ouvir ou não o que eles nos dizem.

Como redirecionar e prevenir a energia negativa

Quanto mais conscientes estamos das questões não resolvidas que podem estar gerando energia negativa e nos impedindo de fazer escolhas favoráveis, mais aptos estamos para redirecionar essa energia e criar mais vibrações positivas que atraiam para nós pessoas ou circunstâncias que possam aumentar a qualidade da nossa vida. Assim como as nossas escolhas podem tornar a nossa vida melhor ou pior, elas também podem afetar a vida das outras pessoas. Mas, se fazemos escolhas ruins ou praticamos maus atos, que causem sofrimento não só a nós mesmos, mas também a outras pessoas, isso não acontece porque existe um poder que esteja além do nosso controle e nos obrigue a isso.

Eu gostaria de enumerar algumas situações onde as escolhas tiveram um grande impacto na vida de outras pessoas. Em todos esses casos, as pessoas em questão poderiam ter seguido em outra direção caso fizessem escolhas diferentes.

1. Considere Shirley MacLaine. A escolha que ela fez de escrever um livro contando as suas experiências e pen-

samentos influenciou a vida de muitas pessoas com relação ao conceito de reino espiritual e da vida pós-morte. Com certeza ela deve ter recebido muitas críticas negativas. No entanto, sua escolha exerceu um impacto positivo sobre muitas pessoas, deixando-as mais receptivas a novas maneiras de pensar sobre a nossa *jornada espiritual*. A escolha dela de fato mudou muitas vidas. (Desculpe, não pude evitar fazer um trocadilho com o título do seu livro.[2])

2. Ouvi falar de uma mulher em Idaho, que tinha cinco filhos e perdeu os cinco. Todos eles eram hemofílicos e, depois de anos fazendo transfusões, contraíram AIDS. Um por um, ela perdeu todos eles. Por causa do estigma que a AIDS tinha em sua cidade, a maioria das pessoas virou as costas para ela e não lhe ofereceu nenhum tipo de apoio. Ela precisava desesperadamente de algum tipo de ajuda emocional, mas não encontrou ninguém na comunidade que se dispusesse a oferecê-la. Qualquer um no lugar dela acharia difícil não alimentar rancor pela cidade em que viveu a vida inteira. Acontece que um dos seus filhos era homossexual. E, embora ela soubesse muito pouco sobre o estilo de vida do filho, acabou se voltando para a comunidade gay. Para sua surpresa, descobriu que em sua cidade havia muitos aidéticos que tinham optado por esconder a doença por medo de serem rejeitados. Essas pessoas também não tinham a quem recorrer. A ligação entre essa mulher e a comunidade de homossexuais fez com que ela fundasse uma instituição para aqueles que precisavam de apoio emocional, cuidados médicos e conforto para o corpo e o espírito. Essa decisão não só proporcionou à comunidade um serviço inestimável, como também

---

2 O livro de Shirley MacLaine em português tem o título de "Minhas Vidas".

reuniu em torno dela uma nova família, que a cercou de imenso carinho e amor.

3. Há muitas ocasiões em meus seminários, palestras e sessões em que um pai ou uma mãe quer entrar em contato com o *filho favorito,* que partiu desta vida. Ora, quando alguém diz "filho favorito", para mim isso significa que a pessoa tem mais filhos e que eles, por algum motivo, não são seus favoritos. O que eu tenho visto reiteradamente é que a perda desse filho com o qual a relação era especial muitas vezes leva os pais a negligenciar os outros. Já recebi visitas de filhos favoritos falecidos que perguntavam aos pais o que eles estavam fazendo com os outros filhos. Como você acha que isso os afeta? Num caso que chegou ao meu conhecimento, o filho que sobreviveu acabou tentando se suicidar (e eles eram gêmeos), por não conseguir suportar sozinho a perda do irmão. Sentia que não tinha importância para os pais e que não recebia o apoio de ninguém. Felizmente, ele sobreviveu e está se recuperando física e emocionalmente, *com* os pais ao seu lado.

4. Lembre-se de Eric Clapton e o que aconteceu a ele depois que o filhinho morreu ao cair da sacada do prédio onde morava. Sua revolta e desespero poderiam ter feito com que ele se fechasse para o mundo e escondesse do público a sua dor, mas ele escreveu a música *Tears in Heaven* e compartilhou-a com o mundo. Isso deu a todos nós a oportunidade de testemunhar o amor, a dor e a cura. No meu entender, isso também deu a todos os pais deste mundo que perderam um filho a chance de se identificar com alguém na mesma situação e de se sentir ligado a essa pessoa e compreendido por ela.

5. Eu também sempre me lembro do que a raiva pode criar, ao ser canalizada de um modo positivo, quando

penso nas opções que tinham as mães que fundaram a associação Mothers Against Drunk Driving [MADD – Mães contra Motoristas Embriagados], diante da morte sem sentido de um filho por um motorista bêbado. Conheci uma mulher num dos meus seminários que, segundo me contou, era obcecada com a "ideia" de que o filho tinha morrido, anos antes, vítima de um motorista embriagado. Quando ele saía com os amigos, ela sempre o fazia prometer que nunca ia tomar carona com alguém que tivesse bebido muito. Ele sempre fora um ótimo filho e um estudante muito popular. Ela me contou que tinha alertado o filho quanto a tomar carona com motoristas embriagados quando ele saiu para buscar alguns amigos para irem a uma festa de formatura. Ele lhe assegurou de que não faria isso. Quando chegou em casa aquela noite, não havia vaga para estacionar na frente de casa, então ele estacionou o carro do outro lado da rua. Ao atravessar a rua para entrar em casa, foi atropelado por um carro e morreu. O motorista estava bêbado. Essa história veio à tona quando comentei sobre a mãe que havia fundado a MADD e a mulher que a contou disse que era muito grata por ter um lugar onde pudesse buscar apoio depois da morte do filho. Outra escolha positiva.

Os exemplos anteriores são obviamente de pessoas que fizeram uma escolha com resultados positivos, mas pense em Osama bin Laden e nos eventos de 11 de setembro ou em outra pessoa que tenha abusado do poder. Pense nos benefícios que esse tipo de poder ou recursos financeiros poderiam trazer caso tivessem sido aplicados pelo bem do planeta. Acho que você pode imaginar o que estou querendo dizer.

Não existe nenhum Poder Superior que possa nos *obrigar* a fazer algo que não queremos fazer. Nós criamos a nossa própria energia negativa. Também é opção nossa criar energia positiva. E até que, por meio do nosso livre-arbítrio, façamos escolhas que transformem ou revertam essa energia, continuaremos irradiando essas vibrações negativas.

Mas nós *podemos* mudar – sempre podemos mudar –, embora isso nem sempre aconteça numa única vida. Dependendo de quanto essa energia seja negativa ou de quanto tenham sido destrutivos os nossos atos – para nós mesmos ou para outras pessoas –, podem ser necessárias várias vidas para reverter completamente e reequilibrar a trajetória da nossa alma. É assim que funciona o karma.

O que nunca podemos nos esquecer é de que o crescimento e a mudança positivos são *sempre* possíveis, e que está totalmente ao nosso alcance inverter, moderar ou remediar o curso da nossa jornada.

A dádiva da graça

Se você está agora examinando a sua vida e pensando que deve ter feito muitas escolhas ruins para ter um karma tão negativo, quero assegurar-lhe de que, muito embora as escolhas tenham sido suas, Deus ou o Poder Superior estão sempre ao seu lado para ajudá-lo.

Se você está fazendo tudo o que está ao seu alcance para mudar a sua energia negativa, para sair da roda do karma, e para crescer, Deus notará isso. E como Deus é amor, os seus erros serão imediatamente perdoados, de modo que você não tem que continuar carregando esse karma negativo ou essa culpa, quando partir para o mundo espiritual ou para outra vida. Além disso, os erros só servem para nos dar uma oportunidade maior a fim de aprendermos como praticar ações melhores e seguir numa direção mais positiva. Há uma frase de Miles Davis de que eu gosto muito: "Não tenha medo dos erros – eles não existem." E eu acrescento, pois todos nós buscamos esta lição: a de que todos os erros têm uma *dádiva* para nós.

Esse é o presente que Deus nos dá.

Capítulo cinco

Toda alma tem um programa

OPrograma anímico encontra-se no âmago da nossa razão de existir. Ele nos proporciona o projeto ou o mapa da nossa jornada, as circunstâncias que desencadearão as nossas reações e nos ensinarão – ou não – as lições que precisamos aprender. Existem certas coisas que já estão predefinidas pela alma antes de nascer e existem outras que se definem no momento do nascimento, como a data, o signo solar etc. Toda alma tem certas coisas a aprender por meio da existência humana e a encarnação é a única maneira de aprendermos "essas" coisas. Existem lições na experiência humana que não podem ser aprendidas em outro nível, apenas aqui, na matéria. A boa notícia é que temos condições de lidar com a maioria delas. A nossa experiência aqui consiste em decidir como reagir ao que a vida nos apresenta. Existem certos programas que precisam de muitas vidas para serem concluídos. Tomemos Mozart como exemplo. Quando tinha apenas 5 anos de idade, ele precisou se dedicar ao seu Programa Anímico para ser capaz de compor. Algo certamente foi se desenvolvendo nessa jornada. Não seria certamente o programa de Einstein que o levaria a compor as músicas que ele criou como Mozart. Pense no Programa Anímico como o tronco grosso de uma árvore, com muitos galhos alimentados pelas raízes. Dois dos galhos mais grossos e fortes são o Programa de Limites e a Dádiva do Livre-arbítrio.

O programa anímico e o livre-arbítrio

Na verdade, o nosso programa começa com a nossa escolha inicial. O modo como você escolhe vir a este mundo determina o projeto básico da sua jornada. Digamos, por exemplo, que o seu pai morra muito cedo, ou quando você ainda é uma criança. Você precisa se lembrar de que escolheu esse pai por uma razão, tenha consciência ou não de qual ela seja. E o seu pai também optou por vir a este mundo com o projeto de não ter uma vida longa. Vocês fazem parte do programa um do outro, pois têm lições a ensinar um ao outro.

Talvez a razão da escolha do seu pai tenha sido a necessidade que ele tinha de aprender sobre o desapego e a superação, pois ele foi incapaz disso numa vida anterior. E talvez você precisasse aprender como lidar com a perda. Qualquer lição que não seja aprendida numa vida precisará ser repetida na vida seguinte – seja aqui na Terra ou no reino espiritual. Se uma pessoa não aprendeu a lidar com a perda numa vida, ela terá que voltar e passar por uma perda novamente. Se ela não aprender a superá-la e a encarar as circunstâncias da sua vida de maneira positiva, terá que continuar a enfrentar essa lição até que seja aprendida.

Se tudo isso se assemelha muito com repetir o ano na escola, garanto-lhe que o Programa Anímico não tem nada a ver com castigo. Ele tem tudo a ver com o karma. O seu livre-arbítrio é uma dádiva, mas essa dádiva vem acompanhada de um dever: o dever de usar a sua dádiva do livre-arbítrio de maneira positiva, pois se desperdiçar as suas dádivas, você poderá perdê-las.

Existem, na verdade, dois tipos de karma. Existe o karma criado pelas dádivas que nos foram concedidas e pelo que fazemos com elas, mas também existe o karma que resulta de débitos passados. Quando equilibramos o nosso karma, pagando nossas dívidas e tomando cuidado para não contrair outras, conseguimos passar para o estágio seguinte da nossa jornada. Teremos concluído algum aspecto do nosso Programa Anímico. Mas, se, por outro lado, as nossas reações provocarem novos débitos, teremos que pagá-los também. Tudo isso, porém, faz parte da experiência de aprendizado. Só é preciso lembrar que apenas transformamos o karma ruim num karma bom com algum tipo de interferência da nossa parte.

Existe um projeto para cada uma das nossas vidas; nós o criamos no momento em que a nossa alma faz a sua escolha inicial, mas nem tudo o que acontece conosco depois disso é predeterminado ou necessário. É aí que entra a "consciência". A trajetória da nossa jornada de vida é alterada pelas escolhas conscientes que fazemos ao longo do caminho. E embora duas pessoas possam ter experiências muito semelhantes e até parecer que estão seguindo a mesma trajetória, nenhum de nós reage da mesma maneira e com a mesma energia àquilo com que se depara ao longo da estrada da vida. Portanto, não existem duas pessoas neste mundo que tenham exatamente o mesmo programa ou as mesmas experiências. Eu estimulo você, nesta jornada planetária como ser humano, a ficar alerta aos seguintes sinais que a vida nos dá num sentido metafórico: Mantenha Distância, Proibido Fazer o Retorno, Preferencial, Pare, Declive Acentuado, Proibida a Entrada e Rua Sem Saída. Todos nós já recebemos esses sinais, tanto intuitivamente quanto ao percorrer estradas literais, pois eles fazem parte do sistema de apoio da nossa jornada.

Sincronicidade vibratória e padrões kármicos

Visto que tudo acontece por uma razão – embora nem tudo o que aconteça seja necessário –, sempre existem motivos pelos quais parecemos atrair determinadas pessoas, ou tipos de pessoa, na nossa vida. Existem Grupos Anímicos e Padrões Anímicos que gravitam em torno da resolução de algumas questões específicas. Você pode fazer parte de um Grupo Anímico que se comprometeu a trabalhar questões ligadas à sua própria alma. E existem Padrões Anímicos que podem ser ajudados por almas que não pertencem ao seu Grupo Anímico de modo que sua alma possa trabalhar certas questões. Cada um desses padrões tem a sua própria vibração e atrairão para si, como um ímã, pessoas na Terra que possam ajudá-los num determinado processo de aprendizado. Essas pessoas surgem no nosso caminho não por acaso, mas devido a um plano superior que tem um determinado propósito.

A primeira razão é certamente a nossa sincronicidade vibratória – o fato de que estamos irradiando vibrações semelhantes, devido à nossa energia emocional parecida. Lembre-se do grupo no hotel em Dallas. Já mencionei que vejo isso acontecendo muitas vezes em meus seminários, quando as pessoas que sofreram perdas semelhantes parecem se sentar juntas "por coincidência", quando poderiam se sentar em qualquer lugar de uma sala ampla.

O que causa essa sincronicidade vibratória é o fato de essas pessoas terem padrões kármicos semelhantes ou terem passado por experiências parecidas. Mas o karma também age de outra maneira, quando procede de pessoas que parece que estamos sempre encontrando. Essas pessoas aparecem na nossa vida ou porque precisamos ensinar alguma coisa a elas ou porque elas precisam nos ensinar algo – provavelmente as duas coisas. Não é necessariamente a pessoa que é atraída para a nossa vida, mas a lição que precisamos aprender com ela ou lhe ensinar. O karma, como eu já disse, diz respeito à causa e efeito, ações criando reações, e o modo como reagimos a elas determina se sairemos da roda de padrões negativos ou se permaneceremos nela. Se uma pessoa tem uma necessidade e outra pessoa tem a solução para ela, essas duas pessoas certamente serão atraídas uma para a outra. E se existe na sua vida uma pessoa que é uma pedra no seu sapato, não importa o quanto você se esforce para se afastar ou se libertar dela, o que você tem que entender é que essa pessoa está na sua vida por uma razão: ensinar-lhe alguma coisa – embora essa lição possa ser dolorosa.

Essas vibrações também atraem outras pessoas com experiências semelhantes, para que vocês possam apoiar umas às outras no processo de cura e de superação. Lembro-me de um seminário em que havia, na mesma fila, sete pessoas que tinham perdido alguém do sexo masculino entre 17 e 19 anos por acidentes pouco comuns. Essa é uma situação que encontro com frequência. Essas pessoas têm a oportunidade de trocar experiências e se identificar com circunstâncias parecidas para começar o seu processo de cura.

Psicólogos descobriram que pessoas que cometem agressões muitas vezes tiveram pais agressivos, que também sofreram agressões, e as pessoas a quem agrediram provavelmente vão passar de uma situação de abuso para outra várias vezes na vida. Ambos os comportamentos estão relacionados ao karma e ao Programa Anímico. Tanto as pessoas que cometem agressões quanto as suas vítimas continuarão a seguir esses padrões até que sejam capazes de fazer escolhas diferentes e sair da roda. Portanto, se você comete agressões, não culpe os seus pais pelo seu comportamento, e se vive passando por situações de agressão, não culpe os seus agressores, pois em ambos os casos é você quem está criando esse padrão. Como eu disse, qualquer um que tenha sofrido agressões na infância tem condições de fazer escolhas diferentes, desenvolver compaixão e procurar ajudar outras pessoas que passaram pela mesma violência. Nenhuma reação a qualquer situação ou tratamento está "escrita em pedra", ou seja, é imutável.

Tenho de dizer também que tenho visto padrões de suicídio e doença mental serem transmitidos de geração em geração. Quando as pessoas optam por nascer em tais famílias – quando elas optam por permanecer na roda do karma –, estão optando também pelas agressões, pelo suicídio ou pela doença mental, mas também pelo estigma, pela culpa e por toda bagagem emocional que acompanha aquele tipo de padrão. Por que as pessoas fazem esse tipo de escolha eu não sei dizer, pois isso provavelmente varia de pessoa para pessoa, e as lições que elas aprendem com a mesma situação podem ser diferentes.

Uma boa amiga minha, que ao longo de toda a vida teve a fama de "não ter sorte no amor", finalmente encontrou um homem maravilhoso. Ele era um corretor da bolsa bem-sucedido, divorciado e pai de dois filhos, cuja vida emocional sempre fora repleta de altos e baixos. Ele e a minha amiga se apaixonaram e decidiram morar juntos, embora preferissem não se casar. Ambos se sentiam mais felizes do que nunca até que, um dia, esse homem que nunca fora tão feliz em sua vida saltou da janela do apartamento enquanto a minha amiga estava em outro cômodo. Por que ele fez isso? Talvez ele quisesse abandonar a vida quando estava no apogeu emocional. Talvez não conseguisse enfrentar um relacionamento. Eu não sei. Mas a minha amiga, que ficou devastada, foi agredida verbalmente pela família dele, que a culpou pelo suicídio e a proibiu de ir ao enterro e de demonstrar em público a sua dor. A razão por que essas duas pessoas precisavam se encontrar é um mistério para mim, mas seus programas as uniram por algum motivo, talvez para que aprendessem uma com a outra; e a decisão de se matar foi uma escolha só dele. A minha amiga não apenas não a causou como não teve nenhuma culpa pela escolha que ele fez.

Nesse contexto, talvez você se lembre da mulher mencionada no capítulo 4, que só atraía homens que não queriam compromisso. Era uma escolha dela, porque ainda não tinha aprendido a lidar com questões de abandono relacionadas à morte prematura dos pais. Por amor, os DSs a ajudaram a aprender a fazer escolhas melhores colocando um tipo diferente de homem no seu caminho, mas foi ela quem teve de decidir se optaria por escolher esse novo relacionamento e a oportunidade que ele lhe daria. Essa questão traz à baila a ligação entre o Programa de Limites e o Programa Anímico.

Há limites que os DSs não podem ultrapassar

Já mencionamos o fato de que os DSs não podem entrar na sua vibração sem serem convidados e que eles não lhe dão nenhuma informação que poderia prejudicá-lo. E o mais importante de tudo: eles não podem fazer nada que interfira na mais valiosa dádiva que a vida lhe concedeu: o seu livre-arbítrio.

No seu último livro, *The Afterlife Codes*, a médium Susy Smith escreve sobre a mensagem que recebeu de sua mãe, que também era o seu anjo da guarda. Segundo lhe disse a mãe, os anjos da guarda "podem dar sugestões e avisos que podem ser extremamente úteis numa certa ocasião, mas não querem nos dizer o que fazer da nossa vida, pois é por meio das nossas decisões que nos desenvolvemos espiritualmente".

Em resumo, essa mensagem explica em poucas palavras do que se trata o Programa Anímico. Como eles nos amam, os nossos DSs querem o melhor para nós e o crescimento espiritual é o que existe de melhor. Eles nos ajudam da melhor maneira que podem, mas não estariam ajudando caso interferissem nas decisões que são necessárias para o nosso desenvolvimento espiritual.

Eis aqui dois exemplos em que os DSs transmitiram mensagens a entes queridos deste plano a fim de mudar o curso da vida deles, caso eles optassem por seguir os seus conselhos:

> Uma mulher que me telefonou enquanto eu apresentava um programa de rádio explicou que ela já tinha falado comigo antes, um pouco depois de o pai falecer. Agora a sua mãe também tinha falecido e a mulher esperava poder entrar em contato com ela também. Eu percebi imediatamente que a mãe dela estava presente, mas por alguma razão ela parecia irritada, como se não estivesse de bom humor. Quando eu contei isso à ouvinte, ela explicou que a mãe tinha perdido toda a família no Holocausto e, por causa disso, para ela fora muito difícil expressar amor pela própria filha.
>
> A filha então me contou que, ao entrar em contato com o pai, ele tinha sugerido que ela fosse para casa e "desse na sua mãe um beijo do seu papai". Embora o seu relacionamento com a mãe tivesse sempre sido um tanto difícil, ela estava determinada a ouvir o que o pai tinha a lhe dizer. Ela não sabia por que, mas sentia que essa era a coisa certa a fazer, por isso foi para casa e deu um beijo na mãe. E a mãe desencarnou alguns dias depois.

Imagine como a vida dessa mulher seria diferente dali em diante caso ela não tivesse seguido o conselho do pai e a mãe tivesse morrido sem que ela tivesse a oportunidade de transmitir essa mensagem de amor. Ela poderia ter feito outra escolha e teria aprendido uma lição daquela maneira também.

> Numa outra ocasião, um pouco mais recente, eu estava fazendo uma leitura para um jovem cujo pai tinha sido militar. Desde a morte dele, a família tinha se distanciado e os filhos não se falavam mais. Não sei bem qual era o problema entre eles,

mas o DS fez com que o filho soubesse que não era isso o que ele desejava para a família. Ele não queria que houvesse desavença entre os filhos.

O jovem me relatou depois que tinha contado aos irmãos o que o pai dissera. Ele não sabia se eles conseguiriam conciliar as suas diferenças, mas pelo menos ele tinha satisfeito a vontade do pai ao transmitir seus desejos. Essa foi, portanto, a escolha dele. O pai não conseguiu fazer com que nenhum dos filhos fizesse o que ele queria (talvez, como militar, ele os obrigasse a isso em vida), mas conseguiu dar ao filho que estava disposto a ouvi-lo a oportunidade de mudar não só o rumo da sua vida, mas também o dos irmãos.

Devo acrescentar, no entanto, que são muitas as ocasiões em que os DSs tentam nos dizer algo e nós estamos tão preocupados com as nossas noções preconcebidas sobre quais serão as suas mensagens que não conseguimos ouvi-los. Muitas pessoas me procuram para fazer leituras tendo em mente a mensagem que eles acreditam que vai provar a minha legitimidade. Se não ouvem exatamente o que esperavam, descartam completamente a mensagem ou insistem em me questionar e distorcer minhas palavras, na tentativa desesperada de me fazer dizer exatamente o que eles querem ouvir. Nada além disso as deixa satisfeitas.

Se você já decidiu de antemão o que o seu DS vai dizer, nunca conseguirá ouvir outra coisa, pois causou a si mesmo um tipo de surdez autoimposta. E a razão por que as pessoas continuam a fazer isso me deixa perplexa. A impressão que me dá é que elas não estão de fato interessadas – ou talvez estejam com medo – em ouvir o que é dito, portanto decidem o que deve ser dito e o modo como isso será feito. Não existe uma mentalidade aberta nesses casos. Também fazemos isso com os nossos entes queridos vivos quando insistimos para que declarem seu amor por nós da maneira que queremos e presumimos que não nos amam se não fazem isso dessa maneira. Isso também vale para os entes queridos que já se foram. Algumas pessoas infelizmente querem permanecer na dor. Isso de certo modo traz alguma vantagem para elas. Ficam presas ao resultado dessa atitude ou à atenção que recebem ao mantê-la – seja essa atenção positiva ou negativa.

Aprenda a analisar o seu próprio projeto de vida

A esta altura, suspeito que muitos de vocês podem estar se perguntando como podemos descobrir qual é o nosso programa e se estamos fazendo escolhas que nos ajudem a aprender as lições de que precisamos. Uma vez alguém perguntou a uma amiga minha como saber qual a próxima coisa em que devemos trabalhar. Ela disse para a pessoa tentar perceber o que a estava incomodando ou irritando na vida dela. Às vezes o que estamos procurando está bem debaixo do nosso nariz. Nós certamente somos orientados intuitivamente para a escolha certa. Mas somos bastante espertos às vezes quando se trata de ignorar a intuição. Quando isso acontece, geralmente é porque a mente egoica está sendo ativada pelo medo.

Se você quer de fato saber qual é o seu programa, um bom começo é se sentar com caneta e papel na mão e fazer uma lista: os seus dois pais estão vivos ou apenas um só? Você tem irmãos? Você é adotado? De que raça você é? A sua família é religiosa? É rica ou pobre? Todas essas variáveis determinam os padrões da sua vida. Depois que tiver feito a lista, tente determinar quais problemas, preocupações e conflitos que você tem na vida – normalmente reconhecidos como padrões – parecem estar ligados a essas circunstâncias em particular e que lições você pode ter aprendido ou precisa aprender com elas.

Se, por exemplo, você é uma pessoa forte e independente, cuja família era muito controladora e tentava a todo custo solapar esse caráter independente, por que será que você escolheu essa família? Talvez porque ela representasse para você um desafio justamente nesse ponto, fazendo você se empenhar mais para desenvolver a sua personalidade e ficar ainda mais forte. Vejo essa dinâmica com muita frequência em pessoas que tem "Júnior" ou "Neto" no nome.

Sempre que faço um curso ou seminário, pergunto às pessoas, logo no início, por que acham que estão ali e que aspecto da vida delas acham que precisa ser trabalhado.

Acho que todos nós sabemos, num certo nível, quando a nossa vida vai mal, quando algo parece "fora dos trilhos", quando um comportamento destrutivo está nos consumindo ou quando vivemos um ciclo interminável de situações ou relacionamentos destrutivos. Quando você perceber que um padrão não produtivo está se repetindo na sua vida, é normalmente porque está vivendo fora do seu padrão vibratório pessoal.

Ora, se você fizer o que eu sugeri e elaborar uma lista, e mesmo assim não conseguir descobrir por que parece só fazer escolhas que lhe desfavorecem, pode recorrer a outros expedientes. Faça um mapa astral ou numerológico com um bom profissional, caso isso esteja de acordo com o seu sistema de crenças. Conhecer a configuração das suas estrelas ou números pode ajudá-lo a ver em que ponto você "saiu da rota". Você também pode procurar um psicoterapeuta qualificado que pode ajudá-lo a reconhecer os aspectos pessoais que você não consegue ver sozinho. Se você sofreu uma perda, pode ser extremamente útil procurar um grupo de apoio para pessoas que tentam superar problemas parecidos ao seu. Existem muitos profissionais, hoje em dia, especializados nesse tipo de terapia. Um grupo chamado Amigos Compassivos, por exemplo, reúne pessoas que estão tendo que enfrentar a perda de um filho. Também existem grupos para pessoas que tentaram o suicídio, para parentes de doentes terminais ou de pessoas que morreram de doenças como câncer ou AIDS.

E às vezes a comunicação com os DSs pode ser a melhor maneira de identificar um padrão na nossa vida. Eis o que aconteceu quando uma mulher me solicitou uma sessão particular, para entrar em contato com a irmã:

> A irmã de Marjorie sempre teve pavor de voar, mas como tinha uma empresa de importação e exportação que exigia viagens à Europa, ela tinha que viajar de avião frequentemente. Mesmo assim nunca conseguiu superar esse medo. Um pouco antes de uma viagem a Paris, ela confessou a Marjorie que estava sentindo um medo ainda maior do que sentia normalmente.
>
> Marjorie tentou tranquilizar a irmã, dizendo que ela provavelmente estava preocupada com outras coisas e que, embora sempre tivesse sentido medo, nunca lhe acontecera nada em

todos aqueles anos viajando. "Mas", completou Marjorie, "se você está com tanto medo, por que não voa pela Swissair, que nunca passou por uma fatalidade em toda sua história? Assim você pode ter certeza de que chegará bem". A irmã apavorada seguiu o conselho de Marjorie e reservou uma passagem no voo 800 da Swissair – que caiu no oceano Atlântico, perto da costa de Long Island, matando todos a bordo.

A minha cliente teve de lidar não só com a perda da irmã e melhor amiga, como também com o terrível sentimento de culpa de ter sugerido à irmã o voo da Swissair. Ela não conseguia se conformar com o fato de ter sido a causa da mudança de planos da irmã e que esta poderia estar viva se não fosse ela.

Quando a irmã entrou em contato durante a sessão, porém, ela assegurou a Marjorie de que ela não tinha do que se culpar. Agora que tinha feito a transição, ela entendia que o medo de voar que sentira a vida inteira surgira porque a sua alma sabia que ela morreria num acidente de avião – isso fazia parte do seu programa e não tinha nada a ver com a sugestão que Marjorie fez a ela.

Ao fazer esse contato, Marjorie entendeu não apenas que a morte da irmã na queda de um avião fazia parte do programa de vida dela, mas também que, segundo o seu próprio programa, ela "sobreviveria" e que pelo menos uma das suas lições era aprender a lidar com esse aspecto da sua jornada de uma maneira positiva. Observe que em nenhum momento a irmã de Marjorie lhe disse isso, mas ao explicar o seu próprio programa ela também proporcionou informações que *permitiram* à irmã tomar consciência da escolha que fizera (vir ao mundo como irmã dessa pessoa) e das escolhas que teria de fazer no futuro.

A morte pode ser um chamado de despertar

Não importa o que fez Marjorie me procurar aquele dia – e sem dúvida uma das razões foi o amor pela irmã e a necessidade que tinha de ser absolvida da culpa que sentia –, a mensagem que recebeu foi reconfortante e ao mesmo tempo esclarecedora. Mas às vezes só o próprio fato de perder um ente querido já e suficiente para nos ajudar a esclarecer o nosso próprio programa.

Depois que a morte visita alguém que você ama, você nunca mais a encara da mesma maneira. Ela pode mudar todo o seu sistema de crença e esclarecer o seu programa de maneira dramática.

Se você já leu testemunhos de pessoas que passaram por uma experiência de quase-morte, provavelmente já percebeu que na grande maioria dos casos essas pessoas passam a encarar a morte de um jeito diferente. Depois de passar por essa experiência, elas passam a entender que a "morte" é uma transição e não uma conclusão. Elas deixam de temê-la e passam a ver a "vida" de um modo diferente também.

No entanto, você não precisa passar por uma experiência de quase-morte para obter esse tipo de entendimento. A morte de uma pessoa querida às vezes pode propiciar esse mesmo tipo de "despertar". Mesmo que você não tenha tido consciência antes do seu programa, o próprio fato de perder um filho, o cônjuge ou até um amigo querido lhe dá a informação básica de que esse tipo de perda faz parte do seu programa. E se você já tem consciência de que de fato tem um programa, então pode começar a se perguntar que tipo de lição precisa aprender com essa experiência. Em outras palavras, a vivência da morte pode "elucidá-lo" de uma maneira muito profunda e transformadora.

Se já enfrentamos perdas demais na vida, isso pode ser suficiente para estabelecer um novo padrão. Podemos achar que não iremos suportar perder mais alguém e, como defesa, começar a nos afastar daqueles que nos são caros. Isso aconteceu com uma amiga minha, quando ela perdeu várias pessoas que amava num período muito curto. Ela começou a se afastar emocionalmente do marido. Simplesmente não queria ser confortada porque começava a pensar no que aconteceria se viesse a perder também essa pessoa que lhe oferecia conforto. Ele estava tentando apoiá-la e lhe oferecer carinho e tudo o que ela fazia era afastá-lo. Como é compreensível, ele ficou ressentido com ela e o relacionamento começou a ficar cada vez mais difícil, até que ela finalmente reconheceu o fato de que, ao rejeitar a pessoa que mais amava, ela só estava aumentando o risco de sofrer mais uma perda.

Se, como a minha amiga, conseguirmos olhar para nós mesmos com clareza e chegar a esse tipo de compreensão, o fato de termos de enfrentar uma morte pode se tornar uma oportunidade para a autorreflexão, uma chance para examinarmos os nossos padrões negativos ou positivos e para sairmos da roda do karma e reverter esses padrões.

Sempre é parte do programa

Depois da tragédia do World Trade Center, em 11 de setembro de 2001, muitas pessoas me perguntaram se um desastre de tal magnitude poderia não fazer parte do programa das pessoas que morreram. Como é possível, elas imaginavam, que todas essas pessoas tenham escolhido morrer de maneira tão terrível? Ou será que poderia se tratar apenas de um acidente ou de mero azar o fato de estarem naqueles edifícios no momento?

A minha resposta é sempre a mesma: eu não acredito em "acidentes" e para mim não existe essa coisa de azar ou coincidência, assim como não existem castigos. Por mais difícil que seja aceitar, se essas pessoas estavam lá, seja dentro dos prédios seja nos aviões, é porque isso fazia parte do programa delas.

Numa das reportagens que tratavam do acidente com o voo 93, David Beamer, o pai de Todd Beamer, que era um dos líderes dos passageiros que tentaram render os sequestradores, disse, "Eu, evidentemente, me perguntei muitas vezes por que meu amado filho estava naquele avião. Sabíamos por que ele estava ali. Foram as faces do mal – desses sequestradores em particular – que pegaram o avião errado". Se antes ele não tinha consciência disso, depois do acidente David Beamer parece ter entendido que o modo como o filho morreu fazia parte do programa dele e que sua presença no avião não era acidente nem uma infeliz coincidência.

Na verdade, Todd normalmente viajava para a Califórnia toda segunda-feira à noite para participar de sua reunião de negócios nas terças-feiras na Califórnia, mas ele e a mulher tinham acabado de chegar de uma viagem de cinco dias a Itália. Lisa estava grávida do terceiro filho e ele estava ansioso para passar mais tempo com os dois filhos pequenos, por isso resolveu viajar na terça pela manhã. Será que ele sentiu certa relutância em viajar porque tivera uma premonição do que aconteceria? Não sei dizer, mas o que sei é que havia uma boa razão para ele não viajar na data costumeira.

E então houve uma entrevista tocante com Lisa Beamer, a mulher de Todd, no programa *Good Morning America*. Ela contou que percebeu que era das coisas pequenas que ela mais sentia falta em Todd – como ouvir a porta da garagem abrindo quando ele chegava em casa e as crianças correndo para saudá-lo. Ela é agora mãe de uma linda garotinha, desde a morte do marido.

Vou contar a história de Lisa, como ela a relatou no programa aquela manhã e saiu na Internet pouco tempo atrás.

Lisa contou sobre uma professora que ela teve no colegial e que perdeu o marido repentinamente de ataque cardíaco. Em torno de uma semana depois da morte dele, ela decidiu, em vez de não dizer nada aos alunos, comentar sobre algumas descobertas que fizera. Numa tarde de verão, um pouco antes de a aula acabar, ela colocou de lado seu material de trabalho e se sentou.

Fez uma pausa, olhou para a classe e, com um doce olhar de reflexão, disse. "A aula acabou. Agora eu gostaria de dividir com vocês todos uma ideia que não tem nada a ver com a aula, mas que eu acho muito importante. Cada um de nós vem aqui para a Terra para aprender, compartilhar, amar, apreciar e dar um pouco de si. Nenhum de nós sabe quando essa fantástica experiência vai chegar ao fim. Ela pode ser tirada de nós a qualquer momento. E, quando alguma coisa é tirada de nós repentinamente, talvez seja Deus nos falando que devemos aproveitar cada dia ao máximo".

Enquanto seus olhos começavam a se encher de lágrimas, Lisa contou aos ouvintes do programa o que a professora lhes disse ainda aquele dia: "Eu gostaria que todos vocês me fizessem uma promessa. De agora em diante, no caminho para a escola, ou no caminho de volta para casa, encontrem alguma coisa bonita que possam admirar. Não precisa ser alguma coisa que vejam, pode ser um aroma, talvez o cheiro de pão recém-assado saindo pela janela da casa de alguém, ou o som da brisa brincando com as folhas das árvores ou o jeito como a luz da manhã incide sobre uma folha de outono que cai suavemente no chão. Por favor, procurem essas coisas e as apreciem. Pois, apesar de isso parecer banal para alguns, é disso que é feita a vida: das pequenas coisas que são colocadas aqui na Terra para que possamos apreciá-las, coisas às quais muitas vezes não damos valor. Precisamos saber que é importante notá-las, pois a qualquer momento elas podem nos ser tiradas".

Lisa disse que a classe ficou em completo silêncio. Falou que todos pegaram os livros e saíram da sala calados. Então Lisa contou que, no caminho da escola para casa aquela tarde, ela notou mais coisas do que em todo o semestre.

No final da entrevista, Lisa disse que a lembrança daquele dia no colegial e a morte recente de Todd e de tantos outros faziam com que ela tentasse diariamente apreciar todas aquelas coisas que nós muitas vezes deixamos de ver. Disse que a lembrança daquela impressão que a professora deixou nela era tão forte atualmente quanto o fora naquele dia.

Lisa lembrou a todos nós naquele dia que ninguém sabe se alguém da nossa vida estará conosco daqui a cinco minutos ou se nós mesmos estaremos. Não deixe de expressar o que sente. Diga àquela pessoa especial como você se sente, dê nela um abraço, abra um sorriso em vez de franzir a testa e não se esqueça de dizer àqueles que você ama sobre o amor que sente por eles. Eu sei porque moro na cidade de Nova York. Depois daquele dia de tragédia, vi os nova-iorquinos conversando entre si de um modo diferente – e os turistas também. Agora eu vejo sorrisos, risadas e lágrimas compartilhadas abertamente. Vejo pessoas abrindo a porta para outras e tenho notado que as caminhadas na rua parecem um pouquinho mais lentas. Ela sempre foi uma bela cidade com pessoas bonitas para mim, e agora estamos mostrando isso para todos.

Portanto, o que Lisa sugeriu eu também sugiro – vá mais devagar, preste atenção em algo especial que você vir na hora do almoço hoje – e se pensou em não sair para almoçar porque está muito ocupado, mude de ideia. Ande descalço. Ou caminhe na praia ou num parque ao pôr do sol. Pare no caminho de casa para tomar um sorvete ou bater papo com um vizinho. Pois, na nossa vida, não são das coisas que fizemos que muitas vezes nos arrependemos, mas das que não fizemos. Não deixe nada, nem um instante, passar despercebido, pois isso também faz parte do seu Programa Anímico.

Eu sei que pode parecer meio cruel, mas toda morte é uma tragédia para alguém, e a tragédia do World Trade Center, embora tenha sido algo de magnitude muito maior, não foi diferente de nenhuma tragédia que os indivíduos enfrentam todos os dias. A morte dos sequestradores também foi uma tragédia para os seus entes queridos e seus atos faziam parte do programa deles. Especulações sobre quais seriam as razões que os levaram a cometer tais atos põem a culpa na pobreza da vida deles ou na influência carismática do seu líder. Mas, eu repito, tudo tem relação com o karma. As circunstâncias da vida deles lhes deram condições de fazer escolhas e eles fizeram tais escolhas de livre e espontânea vontade. Só podemos imaginar quais seriam as lições que eles tinham de aprender, mas eu estou absolutamente certa de que eles estavam naqueles aviões por alguma razão, assim como seus reféns.

E o que dizer do mal?

Não acho que eu esteja em posição de julgar as ações dos sequestradores – ou as de qualquer outra pessoa – e já disse que o Programa Anímico não diz respeito a castigos e recompensas. Mas a verdade é que existe o mal neste mundo e que cometer maus atos também é uma opção. Acredito que, se optamos por fazer o mal, o nosso "castigo", se é que podemos chamar assim, é não ter mais o privilégio de reencarnar como indivíduo. Mas também acredito que desistir desse privilégio também é uma escolha, pois optamos antes por nos comprometer com a prática de más ações. Quando abrimos mão desse privilégio, voltamos para a Alma Suprema ou para o Caminho da Alma e nos tornamos parte do ciclo eterno de energia, mas somos privados da oportunidade de evoluir como indivíduo. Eu acredito que esse Caminho da Alma seja como uma reciclagem para a alma. No meu entender, é a ele que a Bíblia se refere quando fala de inferno. Para mim é como Robin Williams entrando na zona das almas perdidas no filme *What Dreams May Come*. É como se a alma, nesse caso, não conseguisse avançar e não pudesse regredir. Ela fica o tempo todo "presa" à mesma cena. Imagino que seja num lugar assim que a alma de Hitler reside. O mal que ele manifestou fez com que perdesse o privilégio de reencarnar.

A alma é capaz de saber de antemão o que acontecerá?

A sua alma sabe muito mais do que a sua mente consciente é capaz de perceber. Quando deixamos este plano e voltamos para a Alma Suprema, mantemos conosco a alma individual (a menos, como eu disse, que tenhamos perdido esse privilégio, optando por renunciar à dádiva do livre-arbítrio) e nossa consciência anímica individual. Isso significa que preservamos todo o aprendizado de vidas passadas e desta vida. Todo esse conhecimento vai para uma espécie de banco de dados da alma ou da personalidade e, quando reencarnamos, nós o trazemos conosco. Esse conjunto de conhecimentos eternos pode nos dar a capacidade de fazer coisas extraordinárias em qualquer "vida terrena". Lembra-se de Mozart? Se, por exemplo, estamos aprendendo a sermos pessoas mais fortes e mais autoconfiantes, talvez seja porque escolhemos antes ter pais muito controladores. A personalidade deles pode ter tornado a nossa vida mais difícil, e podemos não ter um conhecimento consciente do por quê, mas isso ajudou a nos tornarmos pessoas ainda mais fortes. As escolhas que fazemos são sempre as escolhas que nos ajudarão a crescer, e, embora neste plano, possamos não compreendê-las, a nossa alma sempre sabe que as fez por alguma razão. Algumas lições podem ser dolorosas ou difíceis, mas se tudo fosse fácil nunca deixaríamos a nossa zona de conforto e nunca evoluiríamos.

E o conhecimento da alma pode se estender muito além disso. Em alguns casos, a alma pode ter a premonição ou presciência de que está prestes a deixar este plano, embora possamos não saber disso conscientemente. Uma mulher que participou de um dos meus cursos pouco tempo atrás passou por uma experiência que demonstra como essas premonições podem ocorrer. Eu a chamarei de Janiece.

> Janiece manteve um relacionamento de anos com um homem casado e, numa certa ocasião, recebeu vários telefonemas dele, quando ela estava fora da cidade. Ela viajava constantemente a trabalho e ele não costumava agir assim, mas ela não pensou muito a respeito e simplesmente presumiu que ele estava sentindo mais falta dela do que normalmente. Ao voltar para casa, depois da viagem, os dois ficaram juntos pela primeira vez depois do regresso e o amante teve um ataque cardíaco. Ele morreu na cama de Janiece na primeira noite dela em casa.
>
> A alma desse homem certamente sabia que ele ia morrer, e só estava esperando que ela voltasse. No entanto, é provável que, conscientemente, o homem não fizesse ideia da razão por que estava fazendo todos aqueles telefonemas e de que a sua vida aqui estava chegando ao fim.

Se você já leu histórias sobre pessoas que morreram no World Trade Center, pode ter reparado que muitas delas, como a mulher que estava no Voo 11 de Boston, pareciam se comportar de um modo que indicava que elas tinham um pressentimento com relação ao que ia lhes acontecer.

Essa mulher, segundo contou o marido, saiu da sua casa, no subúrbio de Boston, às cinco horas da manhã, para pegar o avião. Mas, antes de partir, ela insistiu em acordar os dois filhos pequenos e lhes dar um beijo de despedida. "Graças a Deus ela fez isso", disse o marido posteriormente.

Pelo mesmo motivo, eu sempre fui fascinada pela história de Leon Klinghoffer, passageiro do Achille Lauro, o navio de cruzeiro sequestrado pelo grupo Frente de Libertação Palestina em 1985. O senhor Klinghoffer estava confinado a uma cadeira de rodas e, segundo as reportagens, recusou-se a cooperar com os terroristas. Ele os insultou até que eles o atiraram do convés do navio. Foi o único passageiro a morrer no sequestro e eu sempre me pergunto o que o levou a se comportar daquela maneira.

Qualquer pessoa de bom-senso sabe que você não deve confrontar terroristas caso não queira morrer. O mais comum numa situação dessas é fazer uma declaração, ditada pelo medo. A alma dele sabia que era hora de ele morrer? A alma dele *queria* morrer naquele momento? Seria essa a maneira que ele encontrou para se libertar do confinamento da cadeira de rodas? Eu sei que deve ter existido uma razão para que ele tivesse um comportamento tão arriscado, e acredito que a alma desse homem a conhecia, embora a sua mente consciente não estivesse a par dela.

Nós também temos uma tarefa

A alma de um indivíduo sempre conhece seu programa, muito embora, num nível consciente, ele possa desconhecê-lo. E assim como é tarefa dos DSs comunicarem-se conosco e contarem o que eles estão fazendo e o que têm de fazer, é tarefa nossa tentar determinar o que precisamos aprender e tentar fazer escolhas que nos ajudem a crescer, de modo que a nossa alma possa avançar rumo à etapa seguinte, em sua evolução eterna. No esquema maior das coisas, acho que não estamos aqui apenas para *fazer* alguma coisa com relação ao Programa Anímico individual, mas também para aprender a *ser* alguma coisa por meio das lições desse Programa. Se você não está provocando algum tipo de manifestação externa na sua vida, isso significa que não está tirando proveito da jornada da sua alma nesta reencarnação, para evoluir.

Quantos de nós já não se viram, em algum ponto da vida, envolvidos em algo que não queríamos fazer ou seguindo numa direção que não queríamos seguir? Algum lugar ou direção que, lá no fundo, sabíamos não ter nada a ver conosco? Em vários níveis, isso cria para nós uma vida mais difícil do que ela já é. Eu diria que não são poucos. Um dos temas que ouço continuamente em minhas viagens de trabalho é resultado dos acontecimentos de 11 de setembro, nos Estados Unidos. Parece que as pessoas estão mudando radicalmente seu modo de viver – deixando empregos que havia anos as desagradavam, passando mais tempo com a família e trabalhando menos horas ou dias para ter mais tempo para as coisas simples que apreciam. Esse é um chamado de despertar num nível monumental. Eu adorei o que Oprah disse uma vez em seu programa: "Eu acredito que você está aqui para se tornar um pouco mais do que você é e para viver a melhor vida que pode ter". Ela ainda acrescentou que a maior dádiva que podemos receber enquanto estamos empreendendo esta jornada terrena é aprender "Quem" somos com um "Q" maiúsculo. Isso faz sentido para mim. Quando não estamos em sintonia com o nosso Programa Anímico, recebemos todo tipo de chamado de despertar com respeito aos caminhos que seguimos que não estão em sintonia com o nosso "verdadeiro" Programa. Se existe um problema ou padrão que está deixando você desgastado ou que parece se repetir frequentemente na sua vida, não seria lógico pensar que se trata da sua alma alertando-o de que você precisa enfrentá-lo de uma vez por todas? Eu não acho que precisemos nos esforçar muito para reconhecer e entender as lições que a nossa alma incluiu no nosso programa de aprendizado.

Também nos foi concedida uma consciência. Em vez de contar com o apoio dos desencarnados, a consciência age como um tipo de Programa de Limites para os seres humanos. Ela nos ajuda a evitar coisas que nos tirariam da sintonia com o nosso "verdadeiro eu", desviando-nos do nosso caminho e, por fim, corrompendo a nossa alma. Todos nós sabemos, no fundo do coração, quando estamos fazendo algo ou seguindo numa direção que vai contra o nosso próprio ser. Não estar em sincronia conosco é uma sensação terrível. Eu sei que você entende do que estou falando. Quando sabemos que estamos fora de sincronia e continuamos a seguir na mesma direção, podemos causar danos irreparáveis à nossa alma, para não mencionar nossa mente/corpo/espírito. Acabamos perdendo todo o respeito que temos por nós mesmos, caindo numa espiral de dor e decadência. Aqueles que transitam na área médica cada vez mais se convencem de que existe uma ligação entre todos os aspectos do Eu e o modo como eles se entrelaçam e se influenciam, quando há um dano em algum deles. Esse foi um tema muito debatido numa conferência médica no Havaí, na qual dei uma palestra sobre a ligação entre depressão, ansiedade e tristeza e o modo como isso pode resultar em derrames e ataques cardíacos. Estou muito empolgada com a receptividade dos médicos com relação à ligação corpo/mente/espírito. Embora aquela tenha sido basicamente uma conferência médica patrocinada por um dos maiores institutos de pesquisa médica do mundo e, em certo sentido, eu fosse uma espécie de "intrusa", a minha palestra teve uma audiência tão grande que fui convidada a participar novamente no ano seguinte.

Enquanto vivemos num corpo, podemos contar com várias alternativas para solucionar nossos problemas ou padrões negativos. Depois que deixamos o corpo, elas não existem mais. Por isso, sempre que lhe for revelado um problema ou padrão que precisa ser resolvido, tire proveito do tempo que ainda tem no plano físico, junto àqueles que foram colocados no seu caminho e na sua vida para ajudá-lo. Por que acumular mais karma negativo?

Capítulo seis

Enfrentando a dor

A HISTÓRIA DE DINO

Era outono. Dave, um colega de trabalho (somos ambos advogados), queria me emprestar uma cópia do livro de Suzane. Eu nunca tinha ouvido falar nela. Vi a capa e achei que o livro era muito extravagante. Mas Dave insistiu, dizendo que valia a pena eu ler. Ele explicou que tinha ouvido Suzane por acaso num programa de rádio, durante as férias, e achado suas palavras inspiradoras. Posteriormente, Dave conseguiu comprar o livro dela, depois de muita dificuldade. Eu lhe agradeci a gentileza e aceitei o livro, só para não ofendê-lo. Coloquei-o na estante do meu escritório, imaginando que o devolveria um dia, sem nunca tê-lo lido. Aquele livro simplesmente não era para mim.

Dezembro chegou e uma tia minha faleceu. Eu fui com a minha família ao enterro num cemitério de Long Island, que por coincidência era o lugar onde, dezessete anos antes, eu também tinha enterrado o meu filho, um bebê de duas semanas. Fiquei tão devastado com essa perda que nunca visitei o seu túmulo, mas na ocasião do enterro de minha tia senti o impulso de visitá-lo. No entanto, resisti a esse impulso

127

naquele dia e nos dias que se seguiram. Então comecei a ter "visões" de alguém ou alguma coisa incentivando-me a fazer uma visita ao lugar onde ele estava enterrado. Ao mesmo tempo, por alguma razão, também comecei a "ver" meu filho com uma garotinha da idade dele e fiquei imaginando o que seria tudo aquilo. Naquela época, eu nada sabia sobre o contato com guias espirituais ou com DSs e por isso não fazia ideia do que podia estar acontecendo comigo. Comecei a questionar minha sanidade, mas, mesmo assim, resolvi visitar o túmulo de meu filho.

Na noite de sexta-feira, comprei um bonito buquê de flores numa floricultura perto de casa e, bem cedo na manhã seguinte, dirigi até Long Island. Estava quase anoitecendo quando cheguei lá. A neblina era densa e sinistra, como num filme de Stephen King. Não havia ninguém à vista.

Caminhei entre as fileiras de túmulos, seguindo as marcações do cemitério. Comecei a me aproximar do túmulo de meu filho, sentindo virem à tona dezessete anos de emoções reprimidas. Conforme fui chegando mais perto, a força que tinha me levado até o cemitério apareceu no meu olho da mente na forma de um elfo e se afastou alegremente. Eu me aproximei da sepultura de meu filho, li o epitáfio e comecei a chorar violentamente, pedindo mil vezes perdão a ele por não tê-lo visitado antes. Depositei as flores sobre o túmulo e comecei a me afastar. Contudo, senti o impulso de virar à esquerda e o segui. Um pouco mais adiante estava o túmulo de uma garotinha chamada Jennifer, que tinha nascido e morrido no mesmo dia. De algum modo eu soube que ela era a garotinha que eu tinha "visto" com meu filho, e que ele estava cuidando dela. Tirei algumas flores do arranjo sobre o túmulo do meu filho e coloquei-as sobre o túmulo de Jennifer.

Comecei a sair do cemitério, mas fui assaltado por uma vontade irreprimível de voltar. Dei meia-volta e voltei a chorar e a pedir desculpas ao meu filho por não tê-lo visitado antes. De repente ouvi uma voz dizendo "Qual o problema, pai?" e com o olho da mente vi meu filho surgir do que só posso descrever como o infinito. Ele parecia ter 17 anos, mas eu sabia que era ele.

"Lamento muito não tê-lo visitado antes", repeti várias vezes.

"Tudo bem, pai. Tudo bem. Não se preocupe."

E assim eu me senti perdoado.

No carro, enquanto dirigia para casa, questionei mais uma vez se eu estaria no meu juízo perfeito. Quanto mais eu analisava o que tinha acontecido, mais ensandecido me sentia.

Na segunda-feira, no escritório, peguei o livro que Dave me emprestara alguns meses antes e comecei a lê-lo aquela noite. De repente, não me senti mais insano. Tudo sobre o que Suzane escrevia fazia sentido para mim, especialmente a parte em que ela afirmava que os bebês crescem quando estão no mundo espiritual. Isso mexeu bastante comigo. "Foi por isso que ele tinha 17 anos quando o vi", eu disse a mim mesmo.

Algum tempo depois, fiquei sabendo que Suzane iria fazer um seminário perto de New Jersey. Eu o assisti e fiquei intrigado com cada um dos aspectos do evento: a palestra, as perguntas e respostas, a meditação, as minileituras e, evidentemente, a própria Suzane. Eu também assisti a um segundo seminário de Suzane em Manhattan e, alguns meses depois, outro, também em Jersey.

No terceiro seminário, eu já sabia o que esperar e fiquei mais relaxado. Nos dois primeiros, eu de fato tinha ficado com receio de que Suzane se dirigisse a mim, mas depois achei que ela nunca faria isso. Então, no terceiro seminário, no momento das leituras, ela se aproximou do local onde eu estava sentado. "Quem perdeu um filho aqui?", ela perguntou. Eu não respondi. "Vamos lá, alguém perdeu um filho aqui. Isso é bem forte." Mais uma vez não respondi. Suzane tentou se afastar, mas voltou, declarando "Ele não vai me deixar em paz. É Brian? É Brian. Quem conhece um Brian?"

Esse não era o nome do meu filho. Mas como ninguém conhecia um Brian, eu finalmente perguntei, "Seria Ryan?"

Suzane estalou os dedos e seu rosto se iluminou. "É isso!" Então ela prosseguiu, dizendo que Ryan queria que eu soubesse que ele estava bem. Por meio de Suzane, Ryan acrescentou que sua irmã, cujo nome começava com "K", não queria deixá-lo partir. O nome começando com "K" estava certo, mas eu ainda estava um pouco cético, porque não fazia ideia de que a minha filha mais velha não estava deixando que o irmão partisse. Suzane continuou, "Ele também visita a irmã cujo nome começa com "M". Se essas visitas estavam de fato ocorrendo, eu também não sabia dizer, mas o nome da minha filha mais nova de fato começa com "M". Então Suzane se postou na minha frente e perguntou, "Ele morreu de câncer?" Eu disse que não. Enquanto ela mostrava uma corda imaginária em volta do pescoço e a segurava por uma ponta, como se estivesse sendo enforcada, ela acrescentou, "Então por que ele está me mostrando isso?"

Eu respondi, "É porque ele morreu por ter nascido com o cordão umbilical enrolado no pescoço. Nunca chegou a se recuperar e morreu duas semanas depois". E nesse momento eu soube, não apenas acreditei, que existia vida após a morte, e que meu filho estava de fato bem do outro lado da vida. A dor e a culpa que eu ainda nutria se desvaneceram completamente naquele instante e as perguntas que eu me fazia sobre a minha sanidade, em sua maior parte, também desapareceram.

"Você tem um filho muito forte", Suzane me disse depois do seminário, e eu fiquei tão feliz de ouvi-la dizer isso que não pude deixar de perguntar, "O quê?!" Ela me olhou nos olhos e repetiu, "Eu disse que você tem um filho muito forte".

Eu pensei, "É, eu tenho mesmo. Não é que eu tive. Eu tenho".

Logo depois dessa espetacular minileitura, comecei a colaborar com o quadro de mensagens virtual de Suzane, ajudando a responder às perguntas e compartilhando experiências com todos os visitantes. Já faço isso há cinco anos e continuo quase todos os dias em busca de oportunidades para passar adiante o conhecimento que Suzane nos trouxe, junto com toda a cura que acompanha esse conhecimento. Já participei de muitos seminários e cursos de Suzane ao longo dos anos, além de uma sessão espiritual, e os resultados são sempre surpreendentes, não só para mim, mas para as pessoas que levo comigo e para muitos outros na plateia.

Eu me pergunto, "Será que foi mera coincidência o fato de Dave ouvir Suzane por acaso pelo rádio aquela vez, comprar o livro e me convencer a levá-lo comigo? E o que dizer do fato de eu conseguir curar tão completamente a minha dor ao ler o livro de Suzane e depois me tornar um membro ativo do seu quadro de mensagens e do meu próprio círculo de amizades, empenhando-me para ajudar outras pessoas a se recuperar por meio de Suzane e seus ensinamentos? Será que tudo isso foi mera coincidência?" A minha resposta é "Não. Não foi mera coincidência".

Saber que a morte é uma transição em vez de um fim não significa que não vamos chorar a perda de nossos entes queridos. Na verdade, temos que chorar por eles. Temos que passar pelo luto antes de poder chegar a algum tipo de resolução e desapego. Às vezes precisamos também perdoar ou chegar a um novo nível de entendimento. Mas seja qual for a perda que precisemos processar, ela sempre faz parte do nosso Programa.

"Processar a perda" é um termo usado pelos conselheiros profissionais, que sabem que esse processo nunca é fácil. No meu trabalho, eu também compreendo o quanto ele é importante para que possamos aprender as lições de que a nossa alma precisa para superar a perda e seguir em frente. O modo como lidamos com a tristeza e aceitamos a perda e a dor é um reflexo não só de quem somos, mas também de quem o DS é e o que ele significava na nossa vida.

Embora inicialmente a dor possa ser maior, de certa maneira é mais fácil aceitar a perda de uma pessoa com quem tínhamos um relacionamento de amor do que a de alguém com quem tínhamos um relacionamento difícil. Como uma das minhas clientes escreveu depois de assistir a um dos meus seminários, "Eu não me sinto melhor com o fato de não ter minha avó aqui comigo, mas pelo menos sei agora que ela está feliz e bem e na companhia do meu avô".

No caso dessa mulher, o processamento da dor foi mais rápido. Não havia raiva para impedi-la de se sentir confortada ao saber que a avó teve uma passagem tranquila; não havia questões mal resolvidas. Talvez a única coisa que ela precisasse aprender era o "fato" básico de que a avó querida continuava viva no mundo do espírito.

E existem, é claro, os casos em que o relacionamento estava "estremecido" quando o ente querido vem a falecer. Nesses casos, a situação de conflito interfere muito no processo de luto. Eis um exemplo:

> Eu assisti a um seminário de Suzane uma noite, na esperança de fazer contato com um amigo querido que tinha falecido seis meses antes. A morte dele havia sido uma perda lastimável para mim, pois, durante vinte anos, tínhamos passado de amigos a amantes e depois voltado a ser amigos. Tratava-se de uma ligação que eu só vira em filmes. Mark e eu nos conhecíamos muito bem e éramos confidentes. Eu sentia tanta dificuldade para superar a dor e a culpa que nem começara ainda a passar pelo processo de luto. Alguns meses antes de sua morte, eu tinha iniciado um romance com outro homem e ficado tão envolvida com a situação e receosa de contar a Mark que evitava a companhia dele e inventava desculpas cada vez que ele me ligava. Agora, eu sentia que seu espírito estava presente porque uma vez tínhamos prometido nos ajudar mutuamente no caso de um morrer antes do outro. Eu precisava saber se ele estava de fato comigo e dizer que lamentava muito não tê-lo visto antes da morte.

> Logo no início da noite, quando Suzane desceu do palco e se aproximou da plateia para transmitir mensagens, ela veio direto na direção em que eu estava e começou a falar com uma mulher à minha frente, dando a ela um nome que ela reconheceu. O mais estranho era que a maioria das coisas que ela dizia à mulher sobre o DS poderia também se aplicar a mim e a Mark. Eu queria levantar a mão e dizer, "Eu acho que essas mensagens são para mim!" Só hesitei porque o nome que Suzane tinha

ouvido do DS era bem diferente do nome do meu amigo – não chegava nem a ser parecido.

Enquanto Suzanne se afastava do local e continuava a transmitir mensagens, eu fiquei ali, obcecada com a informação que ela tinha dado à mulher – Eu estou aqui, amo você, estou bem, siga em frente com a sua vida e não se sinta culpada. As palavras dela não me saíam da cabeça. Por que ela não tinha se dirigido a mim? Por que Mark não tinha se comunicado? Parecia tanto ser ele quem estava falando! Tudo o que Suzane tinha dito àquela mulher era o que eu precisava e queria ouvir da parte dele. A mulher estava muito emocionada e parecia sentir um grande conforto com as mensagens que ouvira. Ela parecera muito frágil a princípio, mas cada vez que eu a olhava de relance tinha a impressão de que seu corpo, antes curvado, reassumia uma postura mais ereta, enquanto ela ouvia as mensagens que Suzane transmitia para outros na sala. Era óbvio que algum tipo de mudança ocorrera no seu íntimo.

No final da noite, Suzane disse algo que teve grande impacto e importância para mim. Disse que às vezes um DS com quem queremos entrar em contato, ou que entra em contato conosco num grupo, deixa que outro transmita a mesma mensagem que ele quer transmitir, porque "outra pessoa" tem mais necessidade de ouvi-la. Por isso a mensagem é transmitida a ela. Suzane então acrescentou que precisávamos aprender a ouvir de um jeito diferente daquele com que estávamos acostumados. Eu agora acredito que Mark tenha ficado nos bastidores, mas mesmo assim, por meio da mensagem à mulher, me deixado saber o que ele gostaria de me dizer. Ao voltar para casa, cheguei à conclusão de que Mark estava presente e sabia que eu lamentava muito não tê-lo visto antes da morte. Já era hora de eu chorar a sua perda e superá-la – para que nós dois pudéssemos seguir em frente.

Essa história ilustra como uma pessoa, mesmo por meio de uma mensagem que não lhe era dirigida, fez a escolha consciente de aproveitar a informação que parecia uma mensagem *para* ela e chegar à conclusão de que devia dar um salto de fé e começar a sua própria transição rumo à cura e à superação. Essa história também ilustra que tudo tem uma razão de ser. Ela estava lá naquele momento e captou a mensagem. Será que seu amigo Mark estava ali, participando? Acho que sim. Mas nem sempre é tão fácil assim encerrar uma questão como essa ou aceitar a morte. Às vezes fazemos com que tudo fique mais difícil para nós, pois simplesmente não queremos ouvir o que os DSs têm a nos dizer.

Guardar raiva nunca faz bem

A raiva é como uma parede de tijolos. Às vezes ela fica tão forte que é preciso a força de uma escavadeira para derrubá-la. Muitas vezes, eu percebo que a raiva é tão profunda que não há possibilidade nenhuma de a pessoa captar a verdadeira mensagem do DS. O relato abaixo ilustra um desses casos.

> Um casal sentou-se diante de mim no sofá. Ele estava tenso de raiva e ela estava tensa também, mas eu poderia dizer que era o tipo de tensão que indica um esforço para evitar a histeria. Senti a presença de uma garotinha – doce, tímida e amorosa. Ela me disse que seu nome era Jennifer e que a irmã estava lá para encontrá-la. Deduzi então que o casal sentado diante de mim um dia teve de lidar com a morte de pelo menos duas filhas. Não era nenhuma surpresa que houvesse tanta energia emocional na sala.
>
> Eu senti que ela tinha morrido de câncer, o que ela confirmou. O pai concordou com a informação, e disse de modo grosseiro, mal movendo os lábios, "Sim, ela morreu de câncer". Eu pude sentir a garotinha dando um passo à frente, hesitante, e depois retrocedendo. Isso acontece. É como se ela tivesse avançado e depois recuado emocionalmente. A criança aproximara-se do pai para confortá-lo, mas fora repelida ao sentir a força da raiva dele.
>
> Durante mais de meia hora essa raiva inundou a sala. Raiva de Deus, da vida, de outras pessoas que tinham filhos

saudáveis e que não tinham de passar pelo que ele passou. Quando a filha mais velha, a primeira do casal, que havia nascido morta e trazido Jennifer, tentou se comunicar, também foi rechaçada pela raiva.

"Faça-o parar!", senti Jennifer dizer. "Lembre-o do meu irmão que está em casa, tão infeliz."

Tentei transmitir a mensagem, mas o pai simplesmente não queria ouvir sobre o filho que ainda tinha. Tudo o que ele queria era impor uma barreira entre ele e o poder que lhe havia tirado as filhas.

À medida que a sessão continuava, eu me sentia cada vez mais bombardeada pela raiva que pairava na sala. E, então, abruptamente, ela acabou. Em meio ao seu cáustico criticismo, o homem se levantou, ajudado pela esposa, que tinha permanecido quase o tempo todo em silêncio, em pé, e agradeceu-me educadamente por permitir que eles soubessem que as filhas não sofriam mais.

Eu mal me aguentava em pé quando ele parou na porta, voltou-se para mim e me disse bruscamente que ele e a esposa estavam pensando em adotar uma garotinha e que, maldito seja, ela tinha que ser saudável. Ele não ia passar por tudo "aquilo" outra vez.

Esse pai torturado estava com raiva demais para ouvir o que a filha tinha a dizer. Ela estava tentando oferecer-lhe conforto e uma maneira de reconstruir um futuro com o filho. Mas ele, aparentemente, tinha vindo à sessão só para poder gritar com a médium. Acho que eu era o que havia de mais próximo do tal poder que, em sua opinião, tinha lhe tirado a filha.

Espero que isso tenha feito com que ele se sentisse melhor, pois ele certamente perdeu a oportunidade que Jennifer lhe ofereceu para começar a enfrentar a dor e começar o seu processo de cura. Eu não sei qual era o Programa desse homem (Posso ter poderes psíquicos, mas às vezes também perco as chaves do carro), mas posso apostar que tinha a ver com o controle da raiva. Só espero que ele não tenha que perder outro filho para aprender a lição de que a sua alma precisa para evoluir.

É importante aprender como dar vazão à raiva e como se libertar dela. Quando guardamos muita raiva, como aconteceu com esse pai, ela só serve para bloquear a nossa cura, a resolução e a transição.

Quando você está disposto a ouvir, pode aprender alguma coisa

No especial do canal HBO, *Life After Life*, a psiquiatra Risa Gold afirmou que a dor da perda tem um começo, um meio e um fim. A comunicação pós-morte, ela acrescentou, exige um sistema de crença que nem todas as pessoas têm, mas a experiência de entrar em contato com um ente querido falecido é reconhecida pela psiquiatria e muito comum entre as pessoas que sofreram uma perda. Esse tipo de percepção aguçada é uma parte normal da reação à perda e a visita a um médium pode ajudar nesse processo.

Embora a maioria não fale muito sobre isso, particularmente entre si, inúmeros terapeutas tradicionais procuram gente da minha profissão quando não conseguem ajudar um paciente a resolver suas questões com relação à morte. Os terapeutas, desnecessário dizer, sabem lidar com os vivos, mas lidar com os mortos (e aceitar que eles não estão realmente mortos) não é algo que eles aprendam na universidade. Como não podem "falar" com uma pessoa morta, não podem ajudar seu paciente a lidar com os problemas que este possa ter com uma pessoa que se comunica num nível diferente. E alguns deles, portanto, têm a mente suficientemente aberta para encaminhar o paciente para alguém que possa ajudá-lo nesse sentido.

Não faz muito tempo, na verdade, uma terapeuta me encaminhou um paciente porque não conseguia lhe dar as respostas que o ajudariam a superar a morte do namorado. Seu paciente era homossexual e tinha encontrado um homem com quem tivera uma ligação muitíssimo especial. Tragicamente, porém, seu parceiro pegou AIDS logo depois que eles resolveram ficar juntos, e deste ponto em diante o relacionamento deles girou apenas em torno da morte. Agora que o amante tinha morrido, ele começava a ter dúvidas de que o relacionamento entre eles tivesse ido além do que dizia respeito à doença.

A terapeuta poderia passar o tempo que fosse assegurando ao paciente que ele fora amado, mas ele ainda precisava *saber*. Depois de apenas uma sessão comigo, durante a qual o amante se manifestou, é claro, e confirmou a profundidade dos seus sentimentos, garantindo que o amor que tinham um pelo outro não era simplesmente baseado na relação paciente e cuidador, o parceiro de luto conseguiu tocar a vida em frente e dar a volta por cima. Não que ele não tivesse mais sentido falta do companheiro ou que não estivesse ainda triste em tê-lo perdido. Aconteceu, simplesmente, que depois da comunicação ele ficou mais confiante de que o sentimento profundo que havia entre eles era real e não apenas uma quimera.

É certamente animador poder ajudar pessoas encaminhadas por terapeutas tradicionais, mas eu não preciso desse tipo de confirmação para saber que os DSs podem ter um efeito salutar sobre a nossa dor. Como ilustra muito bem a história a seguir, eu tenho essa prova todos os dias no trabalho com os meus clientes:

> Os meus dois pais faleceram. Minha mãe, de quem eu era mais próxima, 16 anos atrás e meu pai, recentemente. Desde a morte de minha mãe, eu tinha me aproximado do meu pai e sua morte me fez entrar em parafuso.
>
> Fui a essa [sessão] esperando entrar em contato com meu pai, só para saber se havia mesmo vida após a morte e se ele estava bem. A minha mãe foi a que se comunicou com mais força. Ela está cuidando dele agora e fico feliz com isso. Sinto que posso superar a dor e viver a minha vida agora.
>
> Por causa da minha experiência com Suzane, tenho de novo felicidade em meu coração. Ela realmente me ensinou que o amor e as relações familiares jamais têm fim.

Para tirar proveito dessa comunicação espiritual, no entanto, é preciso que estejamos dispostos a ouvir o que os DSs têm a nos dizer, pois as mensagens que eles transmitem são sempre para o nosso próprio benefício. Às vezes é só a nossa relutância em acreditar na sobrevivência da Alma que nos impede de receber as mensagens que nossos entes queridos estão tentando nos transmitir. No caso do homem que havia perdido as duas filhas, a raiva era a causa do bloqueio. Mas às vezes os DSs estão só tentando nos dizer algo que simplesmente não queremos ouvir.

Uma mulher que me procurou estava tão revoltada com a morte da filha que converteu a sua dor numa compulsão por compras. Toda semana era possível encontrá-la em algum shopping ou centro comercial comprando compulsivamente. Seu guarda-roupa começou a se parecer com os cabides de uma loja de departamentos, com todas aquelas mercadorias com etiquetas ainda penduradas. Raramente ela se dava ao trabalho de usar o que comprava. Alguns dos itens não eram nem sequer do seu tamanho. Ela vinha agindo assim religiosamente desde a morte da filha, meses antes, até a hora em que se viu não apenas cheia de dívidas, mas também negando completamente o seu problema. Desnecessário dizer, esse comportamento interferiu no relacionamento com o marido. Pelo que me dissera a filha em espírito, tinha sido o amor por ela que os mantivera juntos e, agora que ela se fora, eles começavam a se distanciar cada vez mais.

Durante a nossa sessão, a garotinha tentou falar com a mãe sobre o problema dos gastos excessivos, mas esta insistia em mudar de assunto. A filha foi bem persistente, mas a mãe foi ainda mais. Tudo o que ela queria era ouvir que a filha estava sã e salva e que ela soubesse o quanto sentia sua falta. Ela não queria saber que a filha tinha a sua própria opinião sobre aonde a saudade levaria a mãe nem que ela queria aconselhá-la sobre a compulsão que via aumentando devido à negação. Esse não era o tipo de relação que a mãe queria ter com a filha – nem neste plano nem no outro.

A morte de um ente querido pode ser um verdadeiro toque de despertar, proporcionando um vislumbre da trajetória da nossa própria jornada. No entanto, isso só acontecerá se estivermos dispostos a ouvir com a mente aberta *qualquer* mensagem que nos possa ser transmitida. Para tirar proveito desse vislumbre, porém, precisamos resolver os problemas que vierem à tona durante o processo de luto. Se virarmos as costas para eles e para esse processo, perderemos uma oportunidade excelente de crescimento. A mulher com compulsão por compras nunca voltou, por isso não sei como vai a vida dela. No entanto, pelo que senti quando ela estava presente, não deve ir muito bem.

Se de fato ouvirmos o que os DSs têm a nos dizer, como aconteceu na história a seguir, suas mensagens podem fazer toda a diferença:

> Uma jovem atraente, mas de aparência cansada e doentia, procurou-me um dia. Quando me explicou, aos prantos, que tinha aberto a porta da frente de casa uma noite e encontrado o pai literalmente morrendo nos degraus da porta, pude entender por que ela parecia tão cansada e à beira de um esgotamento emocional.
>
> Parece que ele tinha saído para pegar dinheiro num caixa eletrônico, despedindo-se com "Volto num minuto", ao sair. Mas ele aparentemente tinha sido seguido por ladrões, que o mataram para roubá-lo, bem em frente de casa, momentos antes de ele entrar.
>
> Nas semanas seguintes, a família tinha "sentido" a presença do pai na casa, mas ninguém sabia o que fazer a respeito. A filha tinha dores de cabeça fortíssimas e, uma noite, agitada e com dor demais para dormir, foi até o estúdio do pai e decidiu ouvir música. Por "coincidência", ela colocou para tocar um CD com antigas canções de Frank Sinatra e Tony Bennett. Não sabia explicar a sua escolha. Não era o tipo de música que apreciasse, mas ela sabia que eram as canções favoritas do pai. Quando ela se sentou para ouvir as músicas, pensando no pai, ouviu a voz dele. Eles conversaram um pouco e depois seu espírito partiu. "Eu o senti sorrindo", ela me disse. "Eu sabia como me sentia bem quando ele sorria para mim e naquele momento senti a mesma coisa".

Embora ela ainda sinta o amor do pai envolvendo-a, ele nunca voltou como naquele dia. Mas o encontro foi suficiente para que ela soubesse que ele estava em paz e suas dores de cabeça nunca mais voltaram.

Ainda é escolha sua

Se você recapitular as histórias das páginas anteriores, perceberá que em nenhum momento os DSs que se comunicaram com seus entes queridos interferiram no livre-arbítrio deles. Cabe sempre a nós decidir se estamos ou não dispostos a ouvir o que eles têm a dizer. E depois temos de decidir também se vamos agir de acordo com o que disseram. Mas, como eu já disse, os DSs sempre pensam no nosso bem-estar. Seja o que for que queiram nos dizer, isso sempre provém do amor eterno que sentem por nós. E, por amor à nossa alma, faríamos bem se pelo menos tentássemos descobrir que lição precisamos aprender com a dor de perder um ente querido.

Tenho certeza de que você pode perceber que é bem melhor encontrar a paz que essa jovem descobriu, ouvindo música com o pai em espírito, do que passar a vida toda atormentado por uma raiva mal resolvida ou estragar o relacionamento com o cônjuge, os filhos ou entes queridos ao deixar a dor fomentar comportamentos autodestrutivos.

Quando os problemas não são solucionados

Quando realmente amamos a pessoa que morre, a nossa dor é muito menos complicada e objetiva. Pode ser difícil entender por que essa pessoa foi tirada de nós ou descobrir o significado que a morte pode ter para a nossa jornada, mas a dor em si não é um emaranhado de emoções conflitantes. É por isso que, sempre que tenho oportunidade, aconselho as pessoas a tentar resolver seus problemas emocionais neste plano, pois é simplesmente mais fácil. Certamente os terapeutas frustrados, que encaminham seus pacientes para mim, sabem que isso é verdade.

Quando expressamos dor ou raiva ou decepção por alguém que ainda está vivo, damos a nós mesmos uma chance de obter – e compreender – as respostas de que precisamos para ficar em paz e chegar a uma conclusão. Existem muitas razões para isso. Uma delas é que tenho notado que a morte pode alterar a nossa percepção dos relacionamentos de maneiras que nem sempre são úteis ou "saudáveis" para quem permanece no plano físico.

Algum tempo atrás, por exemplo, conheci duas irmãs cujo pai tinha morrido quando ambas estavam na meia-idade. A mais velha ainda estava revoltada com coisas que o pai tinha feito em vida, mas a mais nova já o tinha perdoado e demonstrava uma atitude amorosa com ele. Ao ouvir a história delas, no entanto, pode-se pensar que deveria ter acontecido justamente o oposto.

A filha mais nova sempre fora mais expansiva e "radical" em todos os sentidos e seu modo de ser aparentemente tinha provocado a raiva do pai em várias ocasiões, a ponto de ele chegar a bater nela. As duas filhas concordavam que, quando criança, a mais nova tinha aprontado poucas e boas. Mas foi a mais velha das duas, aquela que não tinha apanhado, que agora guardava rancor e ressentimento pelo comportamento que presenciara, enquanto a outra, que tinha realmente sido agredida fisicamente, achava que o pai havia sido "muito generoso" e lhe propiciado muitos luxos.

As duas irmãs começaram, então, a discutir sobre o passado. A mais velha acusava a outra de "contar uma versão diferente do que de fato ocorreu", enquanto a mais nova acusava a outra de não saber perdoar. É impossível saber, sem ter presenciado os fatos, de quem era a versão mais precisa, mas posso dizer que a morte do pai fez com que essas duas mulheres passassem a vê-lo de modo diferente de como o viam em vida. Será que uma tinha superado a morte do pai melhor do que a outra ou ambas, na verdade, sentiam (ou insistiam em não sentir) a perda de alguém que era, na realidade, um estranho? Sem o pai presente para se defender, a única certeza era a de que ambas tinham que se empenhar muito mais agora para enfrentar seus sentimentos do que teriam se os tivessem confrontado enquanto ele estava vivo.

Outra razão por que pode ser mais difícil resolver questões mal resolvidas com nossos entes queridos em espírito é o fato de que o Programa de Limites pode, por alguma razão, impedir que o DS nos dê as respostas que buscamos. Eu já expliquei como isso pode funcionar no caso de mortes violentas, por exemplo. E, por fim, a comunicação com aqueles que estão no plano espiritual não é tão direta como é com os vivos. Os DSs mandam mensagens que se expressam na forma de sons, sensações, sentimentos e impressões, mas eles não têm o mesmo tipo de intercâmbio verbal que temos enquanto estamos no corpo físico, por isso é necessário um esforço maior de nossa parte para que possamos entender e interpretar o que eles estão querendo nos dizer. Além disso, os conflitos importantes para nós nem sempre continuam a ser importantes para eles. O amor e a preocupação por nós continuam, mas as questões não resolvidas enquanto eles estavam no corpo físico provavelmente não são mais um problema para eles. Eles podem simplesmente ter superado a raiva ou a decepção ou a dor emocional e, portanto, serem capazes de nos dizer o que *nós* precisamos para superarmos a nossa.

O caso a seguir, postado no quadro de mensagens do meu site alguns anos atrás, ilustra como pode ser difícil para nós aceitar os nossos sentimentos por aqueles que se foram.

> Mary,
>
> Você guarda tanta raiva dentro de você. Eu também guardei. Só posso me referir à minha mãe, na melhor das hipóteses, como uma pessoa perturbada. Seu coração pervertido causou a mim e às minhas irmãs uma dor imensa – do ponto de vista físico, verbal e, o que é pior, emocional. Ela também não demonstra nenhum respeito pela vida. Suas emoções parecem dominadas num minuto e totalmente frívolas dali a um segundo. Eu convivi com ela durante cinco anos

da minha vida, um período que eu chamo de "Anos de Horror". Eu sinto um verdadeiro desprezo pela minha mãe. Eu não queria saber de nada que dissesse respeito a ela, até que comecei a descobrir a pessoa que ela era além de ser simplesmente minha mãe. Toda a vida dela pode ser chamada de "Anos de Horror".

A princípio não liguei. Por que o que ela sofreu deveria me afetar? Eu não fiz nada a ela. E ela não devia ter feito nada para mim. Mas a vida não é fácil e infelizmente a maioria das pessoas não tem força, mentalmente, para viver bem esse tipo de situação. Minha mãe guardava dentro de si uma dor e desespero imensuráveis. Esse sofrimento era tão profundo que, quando vinha à tona, provocava uma agonia que dava a impressão de que havia duas pessoas guerreando dentro dela. Ninguém sabia. Talvez ninguém se importasse. Ela aprendeu a conviver com isso, mas não sabia como lidar com esse conflito de maneira positiva.

Não, minha mãe não deveria ter animais de estimação, muito menos filhos. Mas ela teve. E eu a escolhi como mãe. Sim, eu a escolhi. Acredito que a alma saiba em que lar vai nascer. Ela conhece os pontos fracos e os pontos fortes dos pais – não escolhe por acaso (pelo menos acho que não). Nascemos neste mundo prontos para aprender as lições de que precisamos, e os nossos pais geralmente são os primeiros a nos ajudar nessa tarefa. Isso não significa que serão pais excelentes. Isso é impossível caso não sejam pessoas excelentes.

Lamentavelmente, parece que nenhuma de nós teve uma mãe excelente. Talvez as almas delas trouxessem cicatrizes de outras vidas, outras experiências. Não sei. Só sei que isso não muda o fato de elas nos terem feito sofrer. Mas acredito que devamos tentar nos libertar da raiva. Por que deveríamos carregá-la para outra vida? A única pessoa que podemos ferir agindo assim é nós mesmos. Não tenho mais raiva de minha mãe. Não quero vê-la, raramente falo com ela e certamente não perdoei seu comportamento. Mas não tenho nenhuma raiva destrutiva com relação a ela – minha mãe é alguém que precisa ser curada e isso é algo que só pode acontecer de dentro para fora. Eu realmente espero que ela consiga.

Espero que a sua mãe tenha encontrado a cura do outro lado. E espero que você encontre a cura nesta vida. Espero que vocês duas consigam.

– Emily

Emily,

Você tem razão, ainda tenho raiva da minha mãe, embora ela tenha morrido há cinco anos. Parece que sinto mais raiva ainda quando converso com meus irmãos, que ela também costumava maltratar. Eu também já ouvi dizer que "escolhemos" nossos pais antes de nascermos.

Graças a Deus tenho um ótimo pai, mas por que eu teria escolhido uma mãe tão deplorável e assustadora como ela? Eu me pergunto se fui uma mãe terrível para ela no passado e se este foi o meu castigo nesta vida. Desde que a minha mãe morreu, sonho com ela. Ela nunca me diz nada nos sonhos. Só fica perto de mim. Esses sonhos ajudaram a diminuir a raiva que sinto dela. Infelizmente, às vezes tenho sonhos em que ela assume a sua "velha personalidade raivosa".

– Mary

Emily teve a sorte de entender, enquanto a mãe ainda está viva, não só que ela fez o melhor que podia diante da sua própria vida infeliz, mas que ela, Emily, tinha escolhido essa mãe porque a sua alma precisava aprender a lição que essa mãe lhe ensinaria. Talvez tenha sido clemência ou desejo de perdoar; talvez tenha sido simplesmente para ela desenvolver sua própria força interior. Não tenho certeza, mas o que sei é que, ao aceitar os seus próprios sentimentos antes de a mãe morrer, ela se poupou da dor de ter de viver com os sentimentos de culpa que sempre acompanham a falta de resolução.

Mary, infelizmente, não teve tanta sorte, e sua raiva não resolvida continua a lhe afetar a vida, mesmo depois da morte da mãe. No último parágrafo da mensagem para Emily, ela fala que desistiu de adotar um menino deficiente porque "achei que ele me odiaria assim como odiei a minha mãe". Emily achou que estava sendo castigada por alguma transgressão passada, mas, como espero que você entenda a partir de agora, o Programa Anímico não diz respeito a castigos, e Emily na verdade estava castigando a si mesma. Ela acredita que Deus queria que ela desistisse dessa criança. Seja o que for que você acredite, espero que desde então ela tenha feito escolhas que a ajudem a curar a sua alma e a superar a sua dor.

Mas e se eles tiverem questões não resolvidas conosco?

Podemos pensar que, assim como podemos ter questões mal resolvidas com aqueles que partiram, os problemas que eles tinham conosco no plano terreno também continuam sem solução. A consciência, como sabemos, é eterna; se não fosse, não poderíamos nos comunicar com os DSs como fazemos. E o aprendizado que ocorre no corpo físico também segue conosco depois da morte. Portanto, é razoável pensar que, embora os DSs continuem conscientes de qualquer problema ou decepção pela qual tenham passado no seu relacionamento conosco neste plano, o que mais conta é que eles não mantêm o mesmo apego emocional que sentiam quando partiram para o outro lado. Eles o superam muito rapidamente e seguem em frente.

Mais uma vez repito que qualquer raiva, amargura, ressentimento, medo, dor ou qualquer outra emoção negativa que você possa atribuir aos DSs, na verdade, vêm de você. A mensagem deles é sempre a mesma (e eu não canso de enfatizar isso): eles amam você, eles estão bem e estão fazendo o que é preciso para continuar a jornada das suas almas. Se estavam zangados com você, tudo foi perdoado, mas como parte do *seu* processo, isso pode levar tempo, especialmente se o seu relacionamento com eles, ou o deles com você, era particularmente raivoso, inconstante ou assustador. Se um pai era agressivo, por exemplo, o filho pode não querer ouvi-lo, depois de desencarnado. O filho pode, pelo menos a princípio, recusar-se a se comunicar. Mas um dia ele pode precisar resolver a raiva para que a sua alma possa passar para o nível seguinte. A tentativa do pai para se comunicar pode ser justamente a oportunidade que o filho precisa para superar a raiva. Mesmo que isso ainda não seja possível, a alma do filho compreenderá o pai e este acabará por ser perdoado. O processo de perdão é diferente no mundo espiritual, e aqueles que estão no corpo físico, assim como os DSs, precisam deixar para trás seus ressentimentos.

No final, a falta de perdão que você sente é total responsabilidade sua. Parte da incumbência do luto é aprender a perdoar a si mesmo e às vezes as outras pessoas de modo que você pode superar as emoções negativas e seguir em frente. Cabe aos DSs facilitar a sua tarefa deixando que você saiba que foi perdoado, e cabe a você ouvir e seguir o que eles lhe disserem. Eles não têm o poder de *fazer* você perdoar – isso faz parte do *seu* Programa. Mas eles podem ajudá-lo a tomar consciência do fato de que o perdão pode ser uma das lições que você precisa aprender.

A energia da dor

O que flui de nós para os nossos entes queridos que já se foram é energia vibratória, e essa energia pode ser positiva ou negativa. Até que aprendamos a lidar com a nossa dor, a resolver nossos sentimentos de frustração com nós mesmos e a descobrir um caminho para reequilibrar a nossa alma, estaremos emitindo energia negativa e não conseguiremos seguir adiante com a nossa vida. Estaremos acumulando karma negativo, que a certa altura terá de ser equilibrado, neste plano ou no outro. Não importa quanta energia positiva os DSs possam estar irradiando para nós, precisamos estar abertos para recebê-la e utilizá-la como eles gostariam, ou seja, passando para a próxima etapa da nossa jornada, sem acumular negatividade para a próxima vida e sem ter que aprender as mesmas lições. É por isso que eu chamo a dor da perda de "tarefa". Trata-se de um trabalho que temos de fazer, aprender, completar e deixar de lado; do contrário, ele continuará nos assombrando e tirando nossa paz, assim como qualquer outra tarefa que deixemos inacabada nesta vida. A dra. Elizabeth Kübler-Ross, que já ajudou centenas de pacientes e suas famílias, por meio de suas pesquisas sobre a morte e o morrer, também sabe que cada estágio do sofrimento – a negação, a raiva/ressentimento, a barganha, a depressão e a aceitação – carrega em si uma certa energia. Até que enfrentemos o nosso processo de luto e passemos pelos quatro primeiros estágios a fim de chegar ao nível tranquilo da aceitação, emitiremos uma certa dose de energia de resistência em tudo o que fizermos, e os DSs muitas vezes *interpretam* isso como um sinal de que não estamos prontos ainda para a conexão ou a comunicação.

Capítulo sete

Como as almas descobrem umas às outras

Vários anos atrás, uma colega de trabalho e amiga minha entrou numa crise. A sua enteada tinha fugido de casa. Minha amiga estava devastada. Ficava o tempo todo se perguntando, aborrecida, como a menina estaria se virando e, quando falava nela, ficava com os olhos rasos d'água.

Eu sabia como ela estava se sentindo. Alguns anos antes, a minha irmã também fugira de casa. Minha mãe entrou em parafuso. Passava o dia chorando e nunca conseguia dormir. Isso durou vários meses. Por fim, minha irmã telefonou, mas não demorou muito e minha mãe desenvolveu um câncer e faleceu.

Quando eu estava saindo do trabalho, uma noite, fui falar com minha amiga e vi que ela estava chorando. Ela não fazia ideia de onde estava a enteada, se estava bem, se precisava de alguma coisa ou se um dia voltaria para casa.

No carro, enquanto dirigia para casa, eu liguei o rádio para ouvir Suzane. Não era a primeira vez que eu a ouvia, mas, como se diz por aí, tudo tem a sua hora certa. De qualquer maneira, ouvi seu programa enquanto dirigia e, ao chegar em casa, estava em prantos. Fiquei sentada no carro por alguns instantes e comecei a falar com a minha mãe. Contei a ela sobre a minha colega de trabalho e sobre tudo o que ela estava passando. Eu sabia que mamãe entenderia, porque ela já passara por situação semelhante. Eu disse a ela, "Mãe, se o que Suzane está dizendo é possível, então você pode me ouvir, você sabe o que minha amiga está sentindo e como é grande a sua dor. Não espero que você traga a filha dela de volta para casa, mas se você puder de algum modo transmitir uma mensagem para a menina, para que ela ligue para a mãe e faça-a saber que ela está bem..." Mentalmente, eu imaginei minha mãe conhecendo alguém, que conhecia alguém, que conhecia a jovem e passando a ela a mensagem: um *forte* impulso para que ligasse para a mãe.

Depois disso, continuei com meus afazeres normalmente. Quando cheguei ao trabalho na manhã seguinte, minha amiga me cumprimentou e disse que a enteada havia ligado na noite anterior e dito que estava bem.

O impulso de vibrações semelhantes

As almas com vibrações semelhantes encontram umas às outras, seja neste plano, no outro ou na comunicação entre eles. A mulher da história anterior estava certa quando disse que "sabia" que a mãe podia "transmitir a mensagem" à filha da amiga, para que ela ligasse para casa. As almas com programas parecidos, com tarefas de aprendizado similares ou experiências semelhantes irradiam uma energia parecida e "encontram" umas às outras, pois são atraídas pela energia vibratória que emanam. Eu descobri que geralmente em grupos menores parece haver uma concentração em torno de um tema. Em grupos maiores, parece que as pessoas que estão conectadas por um tema se sentam próximas umas das outras. A energia é como um ímã. Isso acontece em meus cursos e seminários o tempo todo, como confirmam Michael e Terri, que participaram de um seminário alguns anos atrás.

Antes de falar sobre o último seminário de que participamos, há um sonho que eu gostaria de contar. Terri, minha esposa, estava muito doente certo dia. Ela sonhou que Brandon, nosso filho, estava empurrando um carrinho vermelho cheio de bebês. Terri chamou, "Brandon, é a mamãe". Brandon olhou para ela e disse, "Desculpe, mãe, estou muito ocupado agora. Não posso falar com você. Tenho que cuidar dos bebês". Então continuou empurrando o carrinho. Terri acordou e ligou a TV. Todos os canais transmitiam notícias sobre o ataque terrorista na cidade de Oklahoma.

Quando Terri e eu participávamos do nosso último seminário, circulamos um pouco pelo ambiente para encontrarmos as pessoas que conhecíamos, mas algo nos atraiu para um setor diferente da plateia e ali nos sentamos. Enquanto Suzane andava entre as fileiras, ela parou numa delas e disse, "Há um nome que começa com BR", mas não conseguiu dizer nada além disso. Tanto a minha mulher quanto uma senhora nas proximidades levantaram a mão. Terri disse, "O nome do nosso filho é Brandon". A outra senhora revelou que o nome do filho dela era Brian. Isso explicou a confusão. Ficou claro que os dois filhos estavam ali. Suzane olhou para nós e disse "Um veículo grande". Explicamos que Brandon tinha sido morto por um ônibus escolar e a mãe de Brian explicou que ele tinha sido morto por um trailer. Suzane continuou, começando pela mãe de Brian, "Você colocou objetos grandes na lápide dele". Ela disse a Suzane que de fato havia ali um avião. Suzane então se voltou para nós e disse que Brandon estava dizendo que havia muitas coisas no esquife e não havia espaço para ele. Contamos então que tínhamos posto ali o travesseiro dele e o saco de dormir, alguns brinquedos, seu dinossauro favorito e algumas fotos nossas. Depois do seminário, conversamos com a mãe de Brian, trocamos fotos, e falamos da perda de nossos filhos. Contamos à mãe de Brian sobre o sonho de Terri e ela começou a chorar, dizendo que Brian tinha morrido no dia do ataque terrorista da cidade de Oklahoma.

Os pais de Brandon e Brian foram atraídos em dois níveis. O fato de os filhos estarem juntos em espírito obviamente fez com que se aproximassem, como também o fato de que tinham sofrido perdas semelhantes e todos emanavam energias vibratórias semelhantes. Por que os pais de Brandon não tinham optado por se sentar ao lado das pessoas que já conheciam do seminário? Simplesmente porque a "força de atração" exercida pelas vibrações dos pais de Brian era muito mais forte do que o impulso de se juntar aos amigos.

Outro exemplo surpreendente dessa atração ocorreu num seminário que dei pouco tempo atrás, quando dois casais se sentaram na mesma fila, mas de lados diferentes de um corredor. Ambos tinham perdido os filhos da mesma idade num acidente de carro, e ambos tinham outro filho chamado Michael. Tive a impressão de que toda vez que recebia uma mensagem, ela se aplicava a ambos. Quando perguntei quem tinha alguma coisa no bolso relacionada ao filho, o pai de um deles disse que sempre carregava uma pedra que o fazia se lembrar do filho, enquanto o outro puxou uma corrente que tinha dado ao garoto e tirado do seu pescoço no dia do acidente fatal. Ambos os casais, como depois descobri, moravam na mesma cidade e tinham viajado apenas para assistir ao seminário. E, o que talvez seja mais impressionante, a mãe de um dos meninos falecido tinha tido um sonho em que o filho do outro casal aparecia. Ela foi capaz de descrevê-lo com precisão, embora não o conhecesse e, na época do sonho, não ter ideia de quem se tratasse. À medida que o seminário progredia, ficava cada vez mais claro que a vida tinha ligado essas duas famílias para sempre devido às perdas semelhantes.

Há um outro exemplo dessa força de atração vibracional que me lembrou algo que poderia ter acontecido num filme romântico maravilhoso como *Sleepless in Seattle* ou *An Affair to Remember*, em que as almas dos personagens – nesses casos os dois casais eram na verdade amantes – foram atraídas pela coincidência mais impossível (exceto pelo fato, é claro, de que nada é na realidade só uma coincidência). Em todo caso, esta é a história conforme me foi relatada por uma mulher que perdeu os pais e se envolveu num relacionamento extremamente difícil e emocionalmente exaustivo com os irmãos.

O ano que se seguiu à morte de meu pai foi horrível para o meu relacionamento com os meus irmãos. Todas as coisas que se costuma ouvir que acontecem com as famílias quando morrem os pais – as histórias de terror sobre problemas de comunicação e de desconfiança que você jura que nunca vai acontecer com a sua família – estavam acontecendo na minha.

A pressão era intensa e eu me sentia (e sinceramente era tratada desse modo) como se fosse uma intrusa. Meus irmãos eram todos casados e tinham filhos. Eu não. Eu sentia que, ao contrário de mim, eles tinham um lar e pessoas que o apoiavam. A família deles estava lá, em suas casas, todos os dias. Eu estava sozinha. Durante o último ano de vida de meu pai, falei com ele quase todos os dias. No fim de sua vida eu o visitava pelo menos uma vez por semana. Sua morte deixou um enorme vazio na minha vida e, quando procurei o apoio da minha família, só me deparei com raiva, frustração e mais problemas. (Para ser justa, eles também estavam se recuperando de uma grande perda e tenho certeza de que todos podíamos ver com clareza por que estávamos nos magoando e nos comportando da pior forma possível entre nós.)

De qualquer maneira, à medida que o Dia de Ação de Graças se aproximava, eu sabia que não conseguiria enfrentar aquela "coisa de família". Era simplesmente difícil demais e, depois do ano horrível que eu tinha passado, a pressão seria enorme. Eu sabia que uma reunião seria uma receita para o desastre. Minha sobrinha estava passando o semestre em Roma, então decidi fazer uma viagem de dez dias pela Itália e aproveitar para visitá-la. A viagem foi um presente de meu pai (consegui os recursos graças à sua herança), mas se tornou um presente ainda mais importante para mim.

No Dia de Ação de Graças, por acaso eu estava em Florença. Estava passando a tarde sozinha e resolvi parar num café para provar pela primeira vez um *gelato*. Perto de mim na fila havia um homem aparentemente da minha idade, também americano. Conversamos um pouco enquanto esperávamos e depois continuamos a conversa na praça. Ele perguntou o que eu estava fazendo em Florença sozinha, no Dia de Ação de Graças, e eu expliquei que meu pai tinha morrido no ano anterior e eu simplesmente precisava de uma distração. Ele disse, "Aconteceu o mesmo comigo, exceto pelo fato de que perdi minha mãe. Sou solteiro e meus irmãos e irmãs são casados, e eles simplesmente não entendem o que estou passando". Eu disse, "Está acontecendo o mesmo comigo. Tem sido horrível, e eles me tratam como se eu fosse uma criança e não tivesse o direito de dizer nada". E ele disse, "Comigo é a mesma coisa. E para piorar, meu pai morreu há quase dez anos atrás". "A minha mãe também," eu disse. E assim continuou a nossa conversa.

Imagine duas pessoas passando pela mesma situação, com os mesmos problemas, as mesmas reações e as mesmas necessidades, deparando-se uma com a outra em Florença, enquanto esperavam na fila por um *gelato* no Dia de Ação de Graças; duas pessoas que normalmente estariam com as suas respectivas famílias.

Nós conversamos durante muito tempo e depois seguimos em direções opostas. Não sei quem ele é ou exatamente de onde veio. Não trocamos nomes nem telefones. Mas eu sei que esse encontro mudou minha vida. Eu não estava mais sozinha. Nunca mais falei com ele, mas quando as coisas começam a ficar mais difíceis na minha família eu sei que ele está lá, em algum lugar, e eu não me sinto mais sozinha. Consegui voltar para casa e ver minha família, e não me magoei tanto como quando era deixada de lado ou se não me ligavam para saber se estava bem, pois sabia duas coisas: primeiro, ele estava em algum lugar deste mundo, passando por algo semelhante e isso é, de algum modo, reconfortante. Segundo, meus pais estavam (e ainda estão) por perto. Eles ainda cuidam de mim e gostam de se certificar de que estou bem. Encontrar aquele homem (embora às vezes eu me pergunte se ele não seria um anjo) salvou o meu espírito e foi o melhor presente que meus pais poderiam ter me dado.

Embora a atração vibracional daqueles que estejam sofrendo perdas semelhantes possa ser o mais forte fator de ligação, o fato é que qualquer pessoa que tenha sofrido uma perda e esteja tentando se comunicar com um ente querido em espírito se sentirá até certo ponto atraída para outras que estejam fazendo o mesmo. É por isso que os retiros ou viagens que faço, nos quais meus clientes, por necessidade, ficam juntos por um período mais prolongado, sempre são uma experiência de ligação entre eles. E essas experiências também podem ser terapêuticas simplesmente porque está todo mundo, mais ou menos, "no mesmo barco", seja literal ou figurativamente, e eles podem confortar uns aos outros. Às vezes, tenho certeza de que esses encontros são organizados pelos próprios DSs.

Os DSs sabem onde são necessários

A nossa alma sempre sabe onde precisa estar, e como a ciência atual nos ensina que existe simultaneamente energia em todos os pontos do *continuum* espaço-tempo, é possível que os DSs "pareçam" estar em mais de um lugar ao mesmo tempo – caso seja essa a nossa necessidade. Eis o que aconteceu quando uma mulher veio a um de meus seminários em Connecticut, esperando entrar em contato com a avó:

> O dia do seminário foi uma loucura e eu me perdi no caminho, embora tenha parado três vezes para pedir informação. Cheguei vinte minutos atrasada, justamente quando você estava acabando de fazer a introdução e explicando o que faz. Felizmente, eu tinha ido a um curso alguns meses antes e já sabia o que você tinha explicado. Escrevi o nome de minha avó, Rose, numa folha de papel e esperei, cheia de esperança.
>
> Quando todo mundo já tinha falado sobre quem vira no gazebo [durante a meditação], senti um aperto no coração. Minha avó não tinha feito contato comigo e eu achei que já tinha perdido a minha melhor chance. Mal sabia eu que duas pessoas tinham ouvido Rose. Ambas sentiram o nome dela durante a meditação (bem na hora em que eu finalmente cheguei ao seminário). Rose estava na cozinha, disse uma senhora (a quem abracei no final), usando seu vestido florido e limpando

um peixe, coisa que ela não gostava de fazer. Seu irmão, que morava com ela e agora sofre de mal de Alzheimer, adorava peixe e trazia os que pescava para ela limpar. Ah, como ela detestava fazer aquilo!

A mulher do outro lado da sala escreveu "a praia". Minha avó sempre estava na cozinha. Ela nunca tirava férias, nunca ia à praia, nunca quis. Mas então entendi tudo. Minha mãe, filha de minha avó, estava na praia naquela semana. Ela estava de férias em Ocean City, em Maryland. Foi por isso que ela não viera ao seminário junto comigo. Minha avó devia ter ido até lá, com ela. Isso deve ter deixado minha mãe muito feliz.

A avó sabia onde precisava estar para trazer conforto e assegurar sua presença à filha e à neta. E, felizmente, porque Deus ou o Poder Superior concedeu essa graça, as duas puderam estar com ela. Espero que ela tenha apreciado a viagem à praia, que ela nunca tinha feito em vida!

O mesmo tipo de comunicação simultânea ocorreu em outra ocasião, quando um homem confortou tanto a esposa quanto a filha, que choravam a sua morte.

Eu fiquei eletrizada quando Suzane se referiu ao meu marido como Jimmy. Eu já tinha consultado outros médiuns, mas nenhum deles tinha citado o nome dele. Ela descreveu seu paletó xadrez vermelho e preto, seu favorito, e confirmou que ele tinha morrido de câncer. Eu me despedi dela muito animada, sabendo que Jimmy ainda estava comigo. Estava preocupada achando que ele me esqueceria. E mais importante ainda: em seus últimos dias neste plano eu estava preocupada achando que a nossa filha o esqueceria.

No dia seguinte, quando acordei, minha filha me disse que tinha sonhado com o pai naquela noite. Ela não sabia que eu estava na sessão com Suzane. Perguntei como o pai estava e ela me disse, "como papai". Então perguntei o que ele estava usando no sonho. Ela disse, "Um paletó xadrez vermelho e preto". Fiquei convencida de que meu Jimmy tinha visitado a filha enquanto Suzane o trazia para mim. Sabia, no meu coração, que ele estava esperando por mim e que nunca nos esqueceria!

Às vezes precisamos seguir caminhos diferentes

Já expliquei, anteriormente, que as famílias nem sempre ficam juntas depois da morte – embora sempre haja pelo menos um ente querido por perto para nos ajudar na passagem. Os membros da família também estão lá a fim de se comunicarem conosco quando precisam transmitir mensagens. Mas o fato de as almas permanecerem juntas ou se encontrar do outro lado da vida depende do programa individual de cada uma delas.

Como não existem duas almas que tenham exatamente o mesmo programa, um DS pode ou não participar da jornada anímica de outro. Se eles ainda tiverem algo a ensinar um ao outro, com certeza participarão. Caso contrário, podem passar a fazer parte da jornada de outras almas, como fez Brandon claramente, na história que contei anteriormente, ao ajudar a resgatar bebês que morreram no atentado da cidade de Oklahoma. As crianças por sinal também têm tarefas a cumprir no mundo espiritual, e ajudar outras crianças a se ajustar às suas novas vidas no além, é muitas vezes uma delas.

Por outro lado, às vezes precisamos ficar juntos porque o nosso Programa requer essa união. Se for esse o caso, a união acontecerá. Na verdade, as lições que precisamos aprender uns com os outros não podem ser concluídas sem que encarnemos de tempos em tempos. Por isso, é possível que, se uma alma reencarna, a outra com quem ela precisa compartilhar experiências reencarne também. No entanto, nem sempre isso é possível, pois uma delas pode ter de resolver questões inacabadas que não envolvam a outra. Nesse caso, é preciso encontrar outra pessoa para reencarnar junto com ela e que possa lhe ensinar a mesma lição. Parece-me que as regras são estabelecidas e, justamente quando eu acho que foram colocadas em prática, são reformuladas outra vez. Esse é um bom teste para pôr à prova a nossa flexibilidade. Lembre-se de que nem sempre é de uma pessoa em particular que precisamos na nossa vida, mas sim da lição que ela pode nos ensinar. Existem situações, na verdade, em que tentamos reiteradamente resolver um problema ou aprender uma lição com outra alma e simplesmente não conseguimos, apesar de todo o nosso esforço. Se for esse o caso, e tivermos a impressão de que todo o nosso esforço está sendo em vão, a providência divina encontra um modo de nos ajudar a aprendê-la de outra maneira. Os DSs querem que seus entes queridos vivos façam escolhas que os ajudem a evoluir, e o "Poder" do Alto quer que essas almas do plano espiritual também façam o mesmo. Eis por que, sempre que uma alma precisa concluir algum aspecto inacabado do seu programa, o plano espiritual garante que isso ocorra de um modo ou de outro.

Estamos sempre sendo atraídos uns para os outros ou porque um de nós tem algo a ensinar ao outro, ou porque ambos temos algo a aprender, ou porque a situação criada pelo nosso encontro ajudará nossa alma a se desenvolver e passar para o nível seguinte de evolução. Essas lições podem ser tão variadas quanto os nossos programas, mas você pode ter certeza de que tudo tem uma razão de ser.

Capítulo oito

A perda de um dos pais

Mães e filhas, pais e filhos

A escolha dos pais é provavelmente uma das primeiras, e certamente uma das mais importantes, decisões que a nossa alma tem a fazer quando está decidindo como vai encarnar. A escolha dos nossos pais determina o projeto básico da nossa jornada na Terra. Algum dos dois morrerá jovem? Nós cuidaremos deles quando ficarem velhos? Nós nos daremos bem com eles? Eles se divorciarão? Seremos filhos únicos? As repercussões advindas da escolha dos pais na nossa vida são infindáveis. Mas a *época* da morte dos pais é um dos fatores mais importantes.

O fato de que nunca "superamos" realmente a morte de um dos pais, não importa quando ou há quanto tempo ela tenha acontecido, ficou evidente para mim de maneira poderosa quando recebi a carta de uma mulher que havia participado de uma das minhas jornadas psíquicas:

> Quando você falou o nome de minha mãe, Anna, e me transmitiu a sua mensagem, eu achei que o meu coração ia parar de bater. Eu fiquei tão chocada ao ouvir o nome dela e sua mensagem (ambos absolutamente precisos) que saí do ar. Abismada seria uma boa descrição.

Eu nunca tinha ido a uma sessão espírita, embora sempre tenha acreditado em vida após a morte. O meu medo me impedia de ir. Tentei muitas outras coisas, mas nunca uma sessão espírita. Acho que só entrei naquela sala porque confiava muito em você.

Nunca, nem em um milhão de anos, esperei que minha mãe, que morreu 70 anos atrás, quando eu tinha 7 anos de idade e meu irmão, 2, fosse fazer contato comigo por seu intermédio. Você me transmitiu duas mensagens e ambas estavam tão incrivelmente corretas que eu ainda fico pasma quando me lembro delas.

Quando cheguei em casa, não queria falar com ninguém. Só queria ficar sozinha, não queria ler nem ver TV. Apenas me deitei na cama e deixei que meu corpo absorvesse aquela experiência inacreditável.

Até aquele dia eu sempre achara que dar à luz era a experiência mais intensa que eu tivera, mas devo admitir que o seu dom de ajudar os outros a se conectar com seus entes queridos falecidos era algo ainda mais especial.

Essa história é particularmente comovente para mim porque ela confirma muitos aspectos relacionados ao Programa Anímico. Ela mostra mais uma vez que os nossos entes queridos estão *sempre* conosco, não importa há quanto tempo tenham partido. Mostra até que ponto *nós* continuamos ligados a *eles*. E o que eu mais me pergunto, dada a intensidade da reação dela ao contato da mãe, mesmo depois de passado tanto tempo da morte desta, é a maneira como a perda da figura materna numa idade tão precoce afetou a vida dessa mulher. Eu não sei dizer, é claro. Mas tenho certeza de que esse contato deve ter exercido um impacto profundo sobre a vida dela.

Se a nossa mãe teve uma vida feliz, mesmo em idade avançada, e se tivermos recebido a sua orientação até a maturidade, é claro que sentiremos muito a sua perda, mas essa será uma experiência muito diferente da vivida por uma pessoa que perde a mãe quando ainda é jovem. Isso parece particularmente verdade no caso de mulheres que perderam a mãe muito cedo.

Alguns dias depois do Dia das Mães, eu por acaso estava num hotel que dava de cortesia aos hóspedes um exemplar do jornal *USA Today*. Foi lá que li um artigo cujas primeiras frases chamaram a minha atenção imediatamente:

"Minha mãe morreu quando eu tinha 12 anos, minha irmã tinha 2 e meu irmão, 14", assim começa Patricia Walsh.

"Por isso eu passei a ser a mãezinha deles." Foi o que bastou.

Walsh, que tem 67 anos e perdeu a mãe há mais de meio século, começa a chorar.

O artigo descrevia o encontro de um grupo de apoio para mulheres que haviam perdido suas mães e continuava com uma citação de Hope Edelman, a autora do livro *Motherless Daughters: The Legacy of Loss*: "As mulheres perdem o pai, perdem os irmãos, mas é sempre a perda da mãe que nos afeta no nível mais profundo. É como se perdêssemos parte de nós mesmas. Perdemos o nosso modelo básico de caráter feminino".

Quando uma mulher perde a mãe antes de chegar à maturidade, ela sempre se pergunta em que sua vida seria diferente caso a mãe ainda estivesse viva. Ela pode ficar preocupada com o fato de não saber como cuidar dos próprios filhos. Pode encarar com relutância a maternidade, com receio de também morrer jovem. Pode ser mais resistente e independente do que as mulheres que tiveram uma figura materna em quem confiar na juventude, mas pode ser menos autoconfiante porque lhe faltou o modelo básico de um comportamento "feminino". Seja qual for a reação, no entanto, você pode ter certeza de que a perda exercerá um grande impacto na vida dela em muitos níveis. E se as mulheres que frequentam esse grupo de apoio forem típicas, como eu acredito que sejam, essa perda vai deixar um grande vazio que nada jamais pode preencher.

O mesmo pode acontecer com meninos que perderam a figura paterna. Lembro-me de um cliente em especial, cujo pai morrera quando ele tinha 9 anos de idade. Ele cresceu sem nenhum modelo conjugal ou paternal e tinha se esforçado muito, na idade adulta, para ser um bom marido e um bom pai para os filhos. Quando a mulher o deixou e levou as crianças consigo, ele logo se culpou. Se o pai pelo menos não tivesse morrido tão cedo, ele pensava, talvez ele fosse um marido e um pai melhor. Mas ele era um bom marido e um bom pai, e quando seu próprio pai se manifestou durante a nossa leitura ele confirmou que meu cliente tinha se tornado justamente o pai que ele gostaria de ter sido. Você pode imaginar o alívio que foi para esse homem saber disso, alguém que tinha passado a vida inteira se condenando por falhas que só existiam em sua imaginação.

A perda precoce de um pai também pode exercer um impacto sobre a vida do filho em outros aspectos, como aconteceu com Ivan, cujo pai extremamente conservador e religioso faleceu quando ele era adolescente. A mãe de Ivan foi deixada com muito poucos recursos para criar Ivan e a irmã e sem mais ninguém da família a quem pudessem recorrer. Ela se mudou, então, com eles da pequena comunidade religiosa onde moravam para uma cidade maior, onde havia mais oportunidades de trabalho. Trabalhou duro para tirar sua licença de corretora de imóveis, saiu-se muito bem e ensinou os filhos a desempenhar pequenas tarefas e a ser igualmente responsáveis por limpar a casa, servir a mesa e lavar a louça. Mas Ivan, que se lembrava de ter sido tratado de maneira bem diferente quando o pai era vivo, ressentiu-se do fato de não ser mais o "principezinho da casa". Em vez de agradecer à mãe por ter se dedicado tanto ao trabalho para poder dar a ele e à irmã uma vida melhor, ele a culpava por ter mostrado a ele um modo de vida mais moderno e igualitário. Foi embora de casa, voltou para a comunidade religiosa e nunca a perdoou por ter lhe "roubado" a vida que, aos seus olhos, ele deveria ter tido.

Você pode entender o que é a paternidade observando as famílias dos amigos e o modo como eles interagem. Pode até encontrar um pai substituto para servir como modelo de paternidade, mas não pode conhecer em primeira mão o que ele significa se perdeu seu pai quando criança. E não importa quanto amor ou apoio você tenha recebido na vida, essa perda certamente exercerá uma grande influência, de um modo ou de outro, no decorrer da sua vida.

Já mencionamos anteriormente duas mulheres que reagiram à perda da mãe de maneira negativa: uma que não conseguia encontrar um homem disposto a se envolver num relacionamento permanente e outra que literalmente se protegia da aproximação das outras pessoas levantando os braços como se estivesse na eminência de um ataque. Essas mulheres sabiam que algo estava "errado", como todos nós sabemos quando a nossa vida simplesmente não segue da maneira que esperávamos. Elas, como o restante de nós, tinham uma lição a aprender que as ajudaria a reequilibrar-lhes a alma.

Uma das maneiras de obter ajuda quando sabemos que estamos continuamente sabotando as nossas chances de ser felizes é procurar uma terapia tradicional, e eu certamente não desencorajo ninguém que está sofrendo de buscar esse tipo de ajuda; porém, às vezes o espírito de uma mãe pode nos ajudar a descobrir coisas sobre nós mesmos que ajudarão a mudar o nosso padrão vibratório.

Não muito tempo atrás, uma mulher compareceu pela primeira vez a um dos meus cursos e depois assistiu a um seminário. As ligações que ela fez nessas ocasiões mudaram a dinâmica da sua vida familiar tumultuada de maneiras que ela nem sequer podia imaginar antes.

Kate tinha sido adotada quando bebê e, embora conhecesse o nome de sua mãe biológica e tivesse tentado muitas vezes encontrá-la, nunca chegara a ter sucesso em suas buscas quando a mãe estava viva. No curso, a sua mãe biológica se manifestou e disse a Kate que sempre a amara e à irmã, Sandy (a quem ela só veio a conhecer depois da morte da mãe), que tinha muito orgulho das duas e que estava ali para ajudar Kate a passar pela fase que estava enfrentando na vida. (Kate estava se divorciando na época.) Posteriormente Kate disse que se sentia responsável por "reunir a família outra vez – minha família sanguínea e minha família adotiva".

Depois disso, ela assistiu a outra sessão, inesperadamente, quando outro participante desistiu, e nessa ocasião seu pai adotivo fez contato junto com sua madrasta e sua mãe biológica também apareceu. Kate perguntou se eles poderiam revelar seu sobrenome original e o da irmã biológica. Os DSs disseram que não podiam, mas que já tinham "mexido alguns pauzinhos para que eu e minha irmã nos encontrássemos. Minha irmã se sentia mal por não ter começado a procurar nossa mãe mais cedo, de modo que pudesse conhecê-la antes da morte. Eu sempre dizia a Sandy que não achava que conseguiríamos encontrá-la em vida, mas sentia que eles estavam nos ajudando. Aconteceram coisas tão espetaculares enquanto buscávamos a nossa família que eu sabia que não éramos nós que estávamos fazendo aquilo, mas sim, eles nos ajudando.

Agora Kate tem um novo homem na sua vida, um homem que tem olhos de cores diferentes, como tinha seu pai adotivo, e que trabalha no mesmo ramo que ele. Ela também anda conseguindo "dicas" muito boas sobre o sobrenome da sua família biológica, na forma de rosas.

"Depois da sessão, Janet [outra participante] e eu estávamos indo de carro encontrar uma amiga dela. Eu estava falando sobre o meu nome, querendo saber se era Rose, Rosi ou Lili. As informações que eu tinha eram conflitantes e isso estava me deixando louca. Primeiro eu o vi. Eu tinha impressão de que ele acabava com um "i" e começava com L, P, R, B, D, F, K e tinha quatro letras. Enquanto eu fazia indagações em voz alta sobre qual seria o meu nome, senti um aroma acentuado de rosas no carro. Contei isso a Janet e ela também sentiu. E não havia nenhum tipo de desodorizante no carro."

"Na volta, eu estava contando a Janet sobre um homem que eu tinha conhecido e por quem sentia uma atração muito grande. Disse a ela que ele era muito bonito, mas não fora isso que eu notara a princípio. O que me atraíra tinha sido o fato de ele ser uma pessoa gentil e atenciosa. E ele tinha olhos de cores diferentes. Também trabalhava no mesmo ramo que meu pai costumava trabalhar: finanças. Enquanto estava conversando sobre ele, senti aroma de rosas novamente. Mencionei isso a Janet e ela também sentiu. Achei que esse era um bom sinal de que *logo eu iniciaria um romance com esse homem*".

Para Kate, ser adotada fora como perder a mãe biológica. Ela amava os pais adotivos, mas esse sentimento de perda, que era quase como se tivesse perdido uma parte de si mesma (seu próprio nome, a irmã biológica e toda a sua família biológica), sempre estivera presente em sua vida. Em seu caso, foi a morte da mãe biológica que lhe permitiu encontrar a peça que faltava do quebra-cabeças, pois sua mãe biológica e seus pais adotivos trabalharam juntos – mais uma vez, uma intervenção divina – para ajudá-la a redescobrir o que ela tinha perdido.

Estejamos ou não conscientes disto, a morte sempre afeta os relacionamentos entre os vivos. Na situação de Kate, foi a morte que reuniu a sua família, embora nem sempre seja assim. Já conhecemos a história da mulher com problemas com os irmãos e que foi para a Itália no Dia de Ação de Graças, mas eis aqui mais uma história que traz à baila os problemas de família de modo ainda mais contundente.

Ruth era uma cliente minha de muitos anos. Ela tinha sido muito apegada ao pai, que tinha se suicidado quando ela era adolescente. O irmão e a irmã, que eram 10 e 15 anos mais velhos do que ela, não viam justificativa para a atitude do pai, mas Ruth, a única que ainda morava com os pais na época, compreendia o quanto o pai sofrera física e emocionalmente durante a sua longa doença debilitante.

Um bem-sucedido homem de negócios, o pai de Ruth tinha deixado a família muito bem, do ponto de vista financeiro. A Ruth foi legada uma grande herança em dinheiro quando atingisse a maioridade; seu irmão, Brad, tinha herdado a empresa do pai e sua irmã mais velha, Marian, que tinha se casado com um homem abastado, tinha recebido uma soma substancial em dinheiro, mas ligeiramente menor do que a de Ruth. O pai tinha deixado bem claro no testamento que deixava o seu negócio extremamente lucrativo para Brad em vez de uma soma em dinheiro e que achava que Marian estava sob a proteção do marido. Os irmãos, porém, ressentiram-se da herança maior de Ruth.

Nos anos que se seguiram à sua morte, o pai de Ruth fez questão de conversar com a filha, durante as sessões, sobre os negócios, de modo que ela pudesse passar a informação ao irmão, que não acreditava em DSs, muito menos na possibilidade de nos comunicarmos com eles. Depois de cada sessão, Ruth obedientemente repassava as sugestões a Brad, cuja única resposta era, "A empresa agora é minha e eu a toco como quiser".

Acontece que Brad não estava "tocando" o negócio muito bem. Ele tinha contraído muitas dívidas e a situação da empresa não era mais tão sólida. O pai estava apenas tentando ajudá-lo – como os DSs sempre fazem –, mas Brad não lhe dava ouvidos. Os vivos, como sempre digo, podem ser muito teimosos.

Enquanto isso, o casamento de Marian ia mal e ela estava cada dia mais obcecada pelo fato de Ruth ter herdado mais dinheiro do que ela. Mas o pai de Ruth era um homem muito sábio, que conhecia muito bem o caráter de cada filho e sabia que seria Ruth que cuidaria da mãe se um dia ela precisasse.

Na época em que Ruth me procurou pela última vez, sua mãe estava presa a uma cadeira de rodas havia dois anos. Os filhos mais velhos, que moravam na mesma cidade, não tinham nenhum interesse em cuidar da mãe. Toda a responsabilidade recaía sobre os ombros de Ruth, embora ela morasse em outro estado e tivesse de viajar durante horas todos os meses para pagar as contas da mãe e cuidar dos negócios e de todos os problemas que eventualmente surgissem. Sua irmã estava divorciada na época e envolvida com um homem que estava gastando todo o seu dinheiro. Brad tinha administrado muito mal a empresa e a levado à falência.

O pai de Ruth de fato conhecia os filhos muito bem e dividiu o seu dinheiro com sabedoria. No nosso último encontro, quando Ruth disse que precisava contar ao pai o que estava acontecendo e apenas desabafar um pouco, eu lhe disse, "Não se preocupe, ele sabe. Também sabia que podia contar com você para cuidar da sua mãe. Você pode continuar dizendo aos seus irmãos que ela também é mãe deles, mas isso não mudará nada. Você se tornou uma pessoa de confiança. Talvez por isso a sua vida seja tão rica – tudo bem, talvez seja um pouco frus-

trante, mas também é próspera –, e a deles seja tão tumultuada.
Sua mãe sabe que não pode contar com eles. Ela não é boba. E
não preciso dizer que ela a ama muito".

A morte do pai de Ruth não mudou o caráter dos filhos. Ele os
conhecia bem o suficiente para fazer o melhor por eles antes de partir.
Mas a sua passagem expôs todos os ressentimentos e falhas ocultas
dos filhos. Ao se comunicar com eles, Ruth pode entender que não
precisava se sentir culpada pela herança que recebera ou pelo ressentimento dos irmãos. O pai deu a cada um deles uma oportunidade
para prosperar, tanto literal quanto espiritualmente, mas só Ruth
aproveitou-a. Ela estava fazendo a sua parte. Os irmãos, por outro
lado, talvez tenham que passar por essa mesma lição em outra vida. E
lembre-se de que ninguém estava sendo castigado aqui. A cada uma
dessas pessoas foi dada uma oportunidade, e elas reagiram de acordo
com seu livre-arbítrio.

Um pai ou mãe forte, sábio e amoroso pode ser uma base sólida
para uma família que, de outro modo, teria os seus alicerces abalados.
Ou, como me escreveu um cliente, depois que ele e a esposa entraram
em contato com a mãe dela durante uma sessão por telefone, "Ela era
um forte elo de ligação na família de minha esposa, e a força que a man-
tinha unida". Quando essa base sólida ou elo de ligação se vai – ou seja,
quando esse pai ou mãe forte morre –, toda a estrutura familiar pode
entrar em colapso, esse elo de ligação se rompe e os membros da família
podem descobrir que seus caminhos são divergentes ou estão em rota de
colisão, em vez de seguirem harmoniosamente na mesma direção. Mas
tudo tem uma razão de ser, nesse caso também. Talvez seja a hora de
"seguirmos com nossos próprios pés". Talvez a morte de nossos pais
tenha permitido que descobríssemos algo sobre nós mesmos que seu
comportamento protetor tenha encoberto ou minimizado. Talvez seja a
hora de amadurecermos, sermos mais assertivos ou simplesmente cui-
darmos da nossa própria vida, sem a intervenção dos nossos pais.

Para fazer isso, porém, precisamos primeiro aprender a aceitar a
morte propriamente dita. Se existia no nosso relacionamento com o
DS uma questão em aberto, será muito mais difícil superar a separação.

Uma mensagem recente postada no meu site mostra como essas questões inacabadas podem interferir no curso da nossa jornada:

> Minha mãe e meu pai morreram no ano passado. Minha mãe e eu resolvemos nossas diferenças e eu não me sinto culpada ou pesarosa. Sei que encontrou a paz do outro lado, assim como fez aqui na Terra. Frustrada e um pouco entorpecida, eu sei que ainda tenho questões a resolver com meu pai. Sinto-me perdida. Tenho 40 anos e ainda não tive nenhum relacionamento mais íntimo com alguém e sinto que essas questões inacabadas com meu pai são o meu cativeiro.

Essa mulher está certamente num "cativeiro" por causa dos seus sentimentos não resolvidos. É por isso que eu sempre aconselho as pessoas a tentar resolver suas diferenças enquanto seus entes queridos ainda estão neste plano – isso torna as coisas muito mais fáceis. Mas, mais uma vez, tenho que enfatizar que somos *nós* que nos sentimos assim, não os DSs. Essa é uma das razões principais por que muitas pessoas ficam em paz depois de um único encontro com um parente falecido.

Um cliente meu expressou esse sentimento de modo muito eloquente:

> Em vida, minha mãe era tímida, quieta e extremamente devotada, mas não se sentia nem um pouco à vontade com o "sobrenatural". Fiquei chocada quando minha mãe foi a primeira a "se manifestar". Suzane descreveu a personalidade dela com precisão, e os detalhes que ela citou não deixaram dúvida de que ela tinha de fato se comunicado com minha mãe. Ela falou sobre a distância na minha família, entre meu pai e meus filhos. Confirmou a Suzane que meu filho, que tinha apenas 3 anos quando ela morreu, viu-a duas vezes depois do seu falecimento. Meu filho tinha me contado isso e Suzane confirmou.
>
> Quando minha mãe estava em seu leito de morte, a família ia todos os dias visitá-la. No entanto, ela morreu numa noite em que todos já tinham ido embora do hospital. Ao longo dos anos, eu me senti extremamente culpada por não estar presente quando

ela morreu. Eu deveria ter ficado a noite toda; não conseguia suportar a ideia de ela ter morrido sozinha.

Antes de minha mãe entrar em coma, ela disse que seu falecido pai esperava por ela e que ela não podia mais fazê-lo esperar. Durante a leitura, Suzane disse que minha mãe queria que eu soubesse que ela não tinha morrido sozinha, e que a pessoa que ela disse ter visto antes de morrer estava com ela durante sua passagem. Minha mãe disse também a Suzane que era importante eu saber que ela não tinha morrido sozinha. O alívio que isso me trouxe foi imenso. Parei de me sentir culpada. Um peso foi retirado dos meus ombros.

Embora eu *saiba* que nunca morremos sozinhos, muitas pessoas sentem a culpa desnecessária que essa mulher sentiu porque não estava com a mãe durante seu falecimento. Muitas vezes os DSs me pedem, durante as leituras e sessões, para assegurar aos seus entes queridos que sua ausência durante a morte deles foi porque "tinha que ser assim" ou porque "era para ser assim". Nós passamos deste plano para o seguinte do modo e na época em que tem que ser e, como a mãe da história anterior, a nossa alma muitas vezes sabe quando a nossa hora chegou.

Se nós, deste plano, pudermos acreditar e entender que *tudo* tem uma razão de ser, seremos capazes de nos poupar uma grande dose de sentimento de culpa, autorrecriminação e outros sentimentos negativos que infligimos a nós mesmos e que podem desarmonizar a nossa alma, impedindo-nos de ficar no nosso padrão vibratório e prorrogando ou dificultando o aprendizado de que precisamos nesta vida.

Capítulo nove

Pais e irmãos: a perda de um filho

Perder um dos pais, principalmente em idade precoce, sem dúvida é muito difícil, mas ao longo dos anos vim a perceber que pode haver uma experiência ainda mais devastadora na vida de qualquer pessoa: a perda de um filho. Se perder um pai ou uma mãe mais idosos pode parecer, para a maioria de nós, uma parte natural da vida, perder um filho – tenha ele 4, 14 ou 40 anos – nunca parece algo "natural". Isso acontece por uma razão, é algo que faz parte da nossa jornada, mas é provavelmente uma das lições mais difíceis pela qual qualquer um de nós pode passar.

Dito isso, preciso reiterar, porém, que qualquer pessoa que perde um filho escolheu passar por essa experiência neste mundo. Existe uma razão. Se você é pai ou mãe, você escolheu essa criança. A sua alma escolheu esse caminho. Se isso fazia parte da sua jornada, não posso dizer por que a sua alma fez essa escolha, mas sei que você descobrirá, se não neste plano certamente no plano entre-vidas.

Fazer contato pode ajudar

Para muitos pais, o simples fato de conseguirem fazer contato com o filho em espírito e ter a confirmação de que ele está bem, feliz e com outros membros da família já é suficiente para que encontrem pelo menos um pouco de paz, mesmo em meio a toda a sua dor. Mas às vezes o filho de fato pode – se assim permite o Programa de Limites – transmitir aos pais informações que eles não poderiam obter de outra maneira.

Pouco tempo atrás – e não por acaso no Dia das Mães –, fiz uma leitura para Virginia, uma mulher que tinha perdido pouco tempo antes Sally, a mais nova de suas três filhas, num acidente de carro. Depois de vários outros parentes terem se comunicado, a mãe de Virginia se apresentou e disse que Sally estava com ela. O que aconteceu em seguida é descrito na transcrição que Virginia fez da nossa sessão, acrescida das suas explicações sobre as mensagens que eu recebi:

SUZANE:

Será que sabemos como ela faleceu? Eu vejo pontos de interrogação, que podem indicar que nem tudo foi esclarecido. Preciso lhe dizer, porém, que sinto que ela quer que você saiba que nem tudo o que as pessoas dizem sobre a morte dela aconteceu da maneira como pensam. Eles acham que ela tirou a própria vida? Ela não morreu num acidente, certo? Não foi um acidente de carro. Foi? Ela estava dirigindo? Tinha outra pessoa envolvida? O que estou vendo aqui é que ela não foi totalmente culpada. O que estou vendo aqui é que não sabemos todos os fatos. Não sei o que foi dito com relação ao acidente, mas ela parece achar que não estava totalmente errada. Pelo que ela está me mostrando, acho que havia outra pessoa envolvida que também foi responsável pela batida, pelo que aconteceu. Não sei se ela estava evitando bater em alguma coisa ou tentando evitar bater em alguém. A outra pessoa envolvida não falou toda a verdade. Sinto que nem todo mundo está dizendo a verdade.

A verdade não a trará de volta, mas fará diferença para a família. Você deve ter ensinado às suas filhas a falar a verdade ou a ter princípios. Ela quer muito que a mãe dela saiba que ela não fez nada errado, é isso o que estou captando. Estou captando uma reação à ação de alguém. O que eu vi foi algo que se aproximou dela e a distraiu ou fez com que ela saísse da estrada. Foi a atitude de outra pessoa que determinou seus atos.

VIRGINIA:

Sally passou reto num cruzamento e bateu numa caminhonete. Ela estava sozinha, a caminho do trabalho, e tinha tomado uma estrada rural para evitar a interestadual congestionada. Não sabemos muito bem o que aconteceu. A manhã estava nublada. O outro motorista era um rapaz de 19 anos e estava dirigindo uma caminhonete de estilo camuflado. Não há testemunhas para confirmar se ele estava com os faróis ligados. Não havia sinais de derrapagem também. Ela morreu instantaneamente. Muitas pessoas que conhecem a região onde ocorreu o acidente acham que ele podia não estar com os faróis ligados. Nunca saberemos o que de fato aconteceu.

Nesse caso, parece que Sally realmente queria deixar as coisas bem claras. A família não tinha certeza sobre o que realmente causara o acidente. Sally estava dizendo algo diferente do que o motorista da caminhonete dissera e, como a mãe destacou, eles nunca tiveram informações ou provas consistentes do que aconteceu na estrada aquela manhã. No entanto, pode ajudá-los saber que, pelo menos do ponto de vista de Sally – ela não estava errada. Ouvir isso sem dúvida ajudou a família, pois ela também me transmitiu aquele dia que estava bem, tranquila e cuidando da sua vida.

Sally também deu à mãe algumas informações sobre seu relacionamento com as suas irmãs, e eu as reproduzo aqui:

SUZANE:

Existe algo realmente importante com relação a uma das irmãs. Qual é a que está lutando bastante? Ela está falando algo como...estou captando... inseparáveis. Sinto como se a outra tivesse consciência disso, mas não sinto nenhum tipo de antagonismo.

VIRGINIA:

Marcia [a filha do meio] sabia que Cindy [a mais velha] e Sally se davam melhor entre si do que com ela, mas ela amava as duas de qualquer maneira. Não importa o que acontecesse, Sally era sua "irmãzinha" muito especial.

Sally então transmitiu uma mensagem que só as irmãs entenderiam:

SUZANE:

Ela vai me transmitir alguma coisa. Sinto como se ela quisesse falar sobre algo que aconteceu quando ela era mais nova – uma coisa engraçada que tem a ver com manteiga de amendoim. Algo com relação às irmãs. É por isso que ela está falando a respeito. É como se elas fizessem alguma coisa quando eram crianças. Tem algo a ver com manteiga de amendoim. É seu jeito de falar da ligação entre elas, separado de você.

VIRGINIA:

Cindy e Marcia dizem que elas costumavam se esgueirar para a cozinha quando não estávamos em casa e comer colheres de manteiga de amendoim, às vezes com chocolate Hershey na colher, só para ficar melhor ainda!

Por fim, houve um presente especial de Sally para a mãe:

SUZANE:

Há uma última coisa que eu gostaria de lhe dizer. A sua filha quer que você saiba que ela se certificou de que você marcasse esta sessão hoje e que você estivesse sozinha, muito embora a princípio as irmãs planejassem vir com você. Ela disse, "Eu mexi muitos pauzinhos".

Você sabe, eu disse à mãe, que eu não planejava trabalhar esta semana de jeito nenhum.

Eu não sei por que Sally estava naquele carro aquele dia, mas tive um palpite, durante a sessão com a mãe dela, de que sua alma tinha a intuição de que não ficaria muito tempo neste plano.

SUZANE:

Isso vai parecer muito estranho. Ela já tinha falado alguma vez de que teria uma vida curta? Era como se ela insistisse muito nisso. Como se ela tivesse vivido dez vidas no curto período em que esteve aqui.

A mãe dela confirmou que sua filha sempre lhe parecera uma "alma antiga" que, quando só tinha 10 anos, escrevia poesia sobre o fim da vida. Ela ficou muito chateada com a tragédia do World Trade Center e, um pouco depois, escreveu o poema a seguir, algumas semanas antes de morrer:

Existe uma razão para esse caos, ou o caos define a razão
Existe uma verdade por trás das suas palavras ou você esqueceu
o significado
Você olha ao redor hoje e não dá valor a nada
Você se esqueceu de agradecer a Deus por ainda estar vivo?
Você está de pé,
Mas o solo é firme?
Porque, se você está buscando sua alma, então é hora de deixar
o mundo
Saber o que descobriu
O amanhã não é uma promessa, tudo o que você tem é este
momento
E se você não aproveitá-lo e utilizá-lo, nunca vai tê-lo
Minhas palavras não têm sentido caso minhas ações não coinci-
dam com elas
E aquele que não consegue é o que nunca tentou
Eu só vou encontrar de fato a mim mesma quando estiver no
interior da minha fraqueza
E preencher o vazio é o que me dá coragem para buscar isso
Estou tolamente investindo no meu espírito quando sei que eles
não podem ouvi-lo?

No entanto, aqueles que continuam a ter medo nunca verão os sonhos que eu vejo,
E aquele para quem pintei meu rosto só conhece o artista em mim
Quem você é hoje é o preço que pagou pelo que você costumava querer
Então pare de pagar esse preço, porque você pode nunca conseguir parar de sonhar
Parar de sentir
Parar de se amar.

As palavras que ela escreveu podem certamente ser sua reação à terrível tragédia internacional e à perda de tantas vidas, mas elas também podem ser interpretadas como uma indicação de outra coisa que, consciente ou inconscientemente, ela sabia sobre a brevidade da sua vida. Será que Sally teve uma premonição de que morreria? Não posso dizer com certeza, mas às vezes as almas têm esse pressentimento.

Nem todas as crianças do mundo espiritual são tão comunicativas quanto Sally (mas tampouco todas as crianças vivas são tão comunicativas). Talvez porque sua morte tenha sido tão repentina, sem tempo para se despedir ou se explicar para a família, ela sentiu que precisava se explicar tanto quanto o fez. Acho que a maioria das crianças ou dos jovens como Sally, que tinham uma grande capacidade de comunicação quando vivos, costumam ser mais expressivos quando se comunicam espiritualmente. Como é de se esperar. Seja qual for a razão, a mãe dela pareceu feliz de saber que nem o espírito exuberante de Sally nem sua personalidade amorosa tinham mudado, e que ela continuava muito ligada aos seus entes queridos deste plano.

Sentindo o conforto da comunicação contínua

Embora seja verdade que os DSs muitas vezes só querem que saibamos que eles estão bem para que possamos aceitar a sua morte, muitas vezes, quando é uma criança que morreu, essa comunicação se prolonga simplesmente porque a criança falecida compreende que os pais precisam muito que essa ligação se mantenha.

Duas pessoas que participaram de uma sessão que fiz há pouco tempo tinham perdido o filho num acidente de carro três anos antes. Posteriormente, o pai escreveu-me sobre sua experiência:

> Já fizemos várias leituras bem-sucedidas depois da perda do nosso filho Adam. Preciso dizer que, antes dessas leituras, nunca me achei uma pessoa que acreditasse nesse tipo de coisa. Só concordei por causa da minha esposa. Ela ficou tão deprimida depois da morte de Adam que eu estava disposto a tentar qualquer coisa para ajudar. Nunca tínhamos participado de um grupo pequeno de leitura e estávamos bastante nervosos. A nossa preocupação era que, depois de já termos sido abençoados com o contato de Adam, nós fôssemos colocados no final da fila, por assim dizer. Muitos perguntavam por que continuávamos a nos sentar com um médium depois de já saber que Adam estava bem. Minha resposta é: se falamos ao telefone com nosso filho três meses atrás, por que não iríamos querer ligar e falar com ele de novo algum tempo depois? Quero dizer que, no final das contas, tudo isso é na realidade uma conversa com nosso maravilhoso filho, Adam.
>
> Suzane não só foi precisa nas informações que passou, como também tinha acertado ao descrever-lhe a personalidade. Ela mencionou que Adam era muito bom de conversa, falava como uma metralhadora, queria ser sempre o centro das atenções e, mais uma vez, era um grande tagarela. Essa foi uma descrição perfeita de Adam.
>
> Adoramos o nosso encontro com Suzane e incentivamos qualquer pessoa que tenha sofrido uma grande perda na vida a conhecê-la e colocar um ponto final nas coisas. Todos nós precisamos ter a certeza de que eles estão bem e estarão esperando por nós quando partirmos deste mundo.

Adam era obviamente um grande comunicador, mas, além disso, acho que ele sabia que os pais – e particularmente a mãe – precisavam que ele mantivesse o contato e que continuasse a provar que ainda estava ligado a eles. E, de fato, o casal participou de um segundo grupo de leituras, algum tempo depois.

Já fazia uns quarenta minutos que a leitura tinha começado e ainda não havia acontecido nada. Essa era a nossa décima primeira leitura desde que Adam tinha partido e a sua presença não só era sempre marcante, como também ele geralmente monopolizava as leituras. Então, finalmente, conseguimos o contato normal com meu avô, que a cada sessão tinha uma participação maior. [Nas leituras anteriores], tinha sido ele ou o pai de minha esposa quem fazia uma rápida introdução ou entrava em contato com Adam – como Ed McMahon apresentando Johnny Carson[3]. Agora, o momento pelo qual esperávamos tinha chegado. Suzane nos disse, "Há um garoto com ele; é seu filho?"

Então ela começou a nos dar informações sobre fatos recentes. Isso, pelo que descobríramos, era o jeito que eles têm de mostrar que ainda estão conosco. Ela disse que Adam lhe falou de uma festa a que tínhamos ido no dia anterior e mostrou-lhe uma cachoeira. Tínhamos ido a uma festa numa piscina no dia anterior, onde todos nadamos e ficamos sob uma cachoeira dentro da piscina. Suzane perguntou quem tinha cortado o dedo pouco tempo antes. Explicamos que Jason, o melhor amigo de Adam, tinha cortado o dedo numa serra enquanto trabalhava. Ela continuou, dizendo que esse jovem tinha sofrido muito quando Adam faleceu. Ela então perguntou, "Quem é Mike?" Mike é o pai do melhor amigo de Adam. Ela disse que Adam era muito próximo desse homem, o que era verdade. Falamos com Jason no dia seguinte e contamos o que Adam tinha dito, e ele disse que aquilo significava muito para ele, pois as últimas semanas tinham sido muito difíceis.

A menção desses acontecimentos mais recentes e dos nomes relacionados a eles fez com que saíssemos da leitura com a certeza de que Adam estava bem, e isso era tudo o que queríamos saber por hora. Os pais que sofrem a perda de um filho nunca têm certeza suficiente de que o filho está bem, mas isso nos deu, momentaneamente, a paz de que precisávamos.

---

3 Comediantes e apresentadores da TV americana.

Nessas duas cartas, os pais de Adam confirmaram grande parte do que eu sei ser verdade sobre a ligação, a comunicação prolongada e o tipo de confirmação que podem fazer toda a diferença para os pais que perderam um filho.

Eles ainda são uma família

Uma consequência desnecessariamente dolorosa da perda de um filho – e que já testemunhei muitas e muitas vezes – é o fato de que a família acaba perdendo também grande parte de seu sistema de apoio. Justamente quando ela precisa mais do apoio de amigos e parentes, eles se sentem de repente isolados na sua dor.

As pessoas não se afastam porque lhes falta compaixão. Pelo contrário, elas se afastam geralmente porque se sentem tão devastadas com a enormidade da perda que ou não sabem o que dizer ou têm a sensação irracional de que a proximidade com alguém que passou por tal tragédia fará com que se sintam mais vulneráveis. Por conseguinte, elas simplesmente se distanciam da família de luto, para que não tenham que dizer nada nem sejam atingidas pela mesma "maré de azar". Muitas clientes já me contaram que veem outras mulheres olhando para o outro lado quando encontram com elas no supermercado. Eu nem posso imaginar como isso deve ser difícil para elas – primeiro perder um filho e depois as pessoas com quem mais você contava nesse momento difícil. Eu não creio que essas pessoas tolas, embora provavelmente bem-intencionadas, percebam como elas estão contribuindo para tornar essa perda ainda mais dolorosa e tornando ainda mais difícil o processo de superação.

Mas talvez mais difícil ainda seja o fato de que até as pessoas que não se esquivam acabam evitando falar do filho falecido, como se ele não fizesse mais parte da família. Os pais quase sempre *querem* falar da criança. Ela sempre fará parte da família e eles precisam *sentir* que o relacionamento continua. Nem o filho tampouco quer ser esquecido. Ele sabe que ainda está ligado aos pais e quer que essa ligação seja reconhecida.

No seu mais recente livro, *Love Never Dies*, a autora Sandy Goodman conta como passou a ter certeza de que seu filho, Jason, sempre fará parte da sua vida e da vida de sua família, e comenta como é importante que qualquer pessoa que perdeu um filho tenha essa mesma certeza e possa contar com amigos e parentes para ajudá-los. A minha experiência pessoal com clientes e amigos só confirma o quanto Sandy está certa.

A necessidade de manter vivo esse amor é uma das razões por que a filiação a um grupo de suporte como Amigos Compassivos pode ser tão útil para as pessoas que perderam um filho. Pelo menos os outros membros do grupo entenderão o que elas estão sentindo, e – o mais importante – estarão também dispostas a falar sobre os seus sentimentos. Se você está lendo isto e conhece alguém que tenha perdido um filho, espero que agora você tenha começado a entender melhor como pode ajudar e como seus atos e omissões podem aumentar involuntariamente a dor dessa perda. (E o mesmo vale para aqueles que perderam seus cônjuges e descobrem que os amigos, que sempre estiveram com eles quando formavam um casal, agora se esquivam da viúva ou do viúvo de luto, justamente quando eles mais precisam.)

O filho predileto, o filho substituto... e o que dizer dos irmãos?

Quando o casal tem mais de um filho, os pais muitas vezes precisam pensar nas necessidades dos filhos vivos, mesmo em meio à dor da perda. Às vezes é possível uma aproximação maior com os outros, o que permite que passem juntos pelo sofrimento causado pela perda. É disso que se trata o relato de Marilyn:

> A minha história começa [quase três anos atrás], quando perdi a pessoa mais preciosa da minha vida, meu maravilhoso filho, Charlie. Charlie era muito quieto e a pessoa mais doce e gentil que já conheci. Ele tinha um gêmeo idêntico, Mark.
>
> Eu ouvi falar dos seus cursos e perguntei a Mark se ele queria ir a um deles, para ver se Charlie tentaria transmitir uma

mensagem para nós. Tínhamos receio de que ele não fizesse contato por causa da sua timidez. Nessa tarde, quando você começou a falar sobre um rapazinho, eu sabia que estava falando de Charlie. Quando você mencionou dois homens que estavam com Charlie, isso não fez sentido para mim, mas então você os descreveu e eles eram dois rapazes que estavam enterrados no mesmo cemitério que Charlie. Quando você disse que um deles usava chapéu, mal pude acreditar no que estava ouvindo. O garoto que você descrevia tinha um boné de beisebol fixado à sua lápide. Então você mencionou leucemia e eu disse que ele não tinha morrido dessa doença, mas você disse que não era ele, e sim o outro garoto que morrera assim.

Fiquei mais em paz ao saber que ele estava na companhia de dois garotos da sua idade. Na verdade, eu disse a Mark a caminho de casa que tudo o que fazíamos era chorar, enquanto Charlie estava andando por aí com seus amigos. Isso nos fez sorrir.

Eu queria agradecer-lhe por tudo o que fez por Mark e por mim. Passamos todos os dias pensando em Charlie. Creio que a visita que ele nos fez o tenha deixado feliz. Eu realmente não acreditava que ele pudesse estar feliz sem o irmão e eu. Isso não diminui a minha dor, mas quando me sento ao lado da sepultura de Charlie, sempre penso no nosso encontro, aquela tarde.

A dor certamente aproximou Marilyn e Mark, que foram capazes de dar força e afeição um ao outro, em sua perda mútua. Quando pensamos no quanto deve ser difícil perder um gêmeo idêntico, muito mais do que perder qualquer outro irmão, fica evidente como deveria ter sido difícil para Mark superar a dor sem o apoio da mãe. Mas, mesmo assim, quando recebi a carta de Marilyn, não pude deixar de notar as palavras dela: "Perdi a pessoa mais preciosa da minha vida". Isso significa que Mark era, de algum modo, menos precioso do que seu gêmeo idêntico, Charlie? E se Mark tinha consciência dos sentimentos da mãe, ou se leu essa carta, como será que se sentiu?

Não consigo nem me lembrar de quantos pais já me disseram que foi seu filho predileto que morreu. Não parece fazer diferença se era o filho mais velho, o mais novo ou o do meio, é quase sempre o predileto. As pessoas me perguntam se acho que se trata mesmo do filho predileto ou se esse filho apenas *parece* ter sido o predileto porque morreu. Tenho certeza de que de fato faz sentido, do ponto de vista psicológico, a ideia de que qualquer coisa que se perca parece ser a mais preciosa apenas porque não existe mais. Afinal de contas, parece que sempre perdemos o nosso par de brincos favoritos ou esquecemos no restaurante o guarda-chuva de que mais gostávamos. Mas nesse caso, acredito que essas pessoas estejam sendo absolutamente sinceras quando me dizem que a dor que sentem é muito mais difícil de suportar porque perderam o filho predileto.

Quando um filho único morre, a dor dos pais pode ser a mais difícil de todas. Mas quando o filho que morre tinha irmãos – especialmente quando os pais deixam claro que ele era o filho predileto –, essa perda certamente afetará gravemente a vida dos outros irmãos e a dinâmica da família. Será que os outros filhos se sentem culpados por terem sobrevivido? Será que ficam zangados por se sentirem menos amados pelos pais? Sentem-se negligenciados ao verem os pais tão absorvidos em sua dor? Sentem que têm de compensar de algum modo a morte do irmão? Eu sei que sempre me compadeço dos irmãos que ficaram.

Seja qual for a reação deles, sempre terão algo a aprender, pois a trajetória de cada membro da família será alterada e sua curva de aprendizado certamente sofrerá mudanças com a morte desse irmão.

Às vezes, parece que nada porá fim à dor dos pais, a não ser outro filho. Já mencionei no segundo capítulo a mulher que descobriu, depois de dar à luz gêmeos, que a sua própria mãe também tinha tido gêmeos que faleceram. E eu disse que ela acreditava que seus filhos tinham nascido para compensar a perda dos gêmeos que morreram e ajudar a mãe a aceitar a dor dessa perda, que ela nunca tinha nem sequer reconhecido, quanto mais superado.

Não raro pais que perderam um filho me dizem que acreditam que outro filho, nascido depois da morte do primeiro, é o filho desencarnado que voltou para eles. Eu mesma conheço uma mulher cuja filha morreu num acidente de carro aos 17 anos. Ela era a filha primogênita dessa mulher, que também tinha 17 anos quando a filha nasceu. Na verdade, as duas eram como irmãs e tinham um vínculo muito forte. A perda da filha foi realmente muito trágica, embora ela também tivesse dois filhos do primeiro casamento.

Essa mulher posteriormente se divorciou. Voltou a se casar e teve outro filho com o segundo marido. Depois disso os médicos alertaram-na de que ela poderia morrer caso passasse por outro parto. No entanto, ela teve outra filha, que ela tem a convicção de que se trata da primeira filha que voltou para ela – como um presente. E foi só depois do nascimento dessa segunda filha – que representou um grande risco para sua vida – que essa mulher conseguiu ficar em paz. Ela sente que isso tinha que acontecer, que o círculo se fechou, e que ela poderia finalmente aceitar o fato de não poder ter mais filhos.

Eu acredito que toda alma tenha meios de "saber" que estão além das capacidades da mente consciente, e sei que as leis do karma asseguram que recebamos de acordo com o que damos. Portanto, talvez, se conseguirmos aprender a lição que acompanha uma perda, isso é sinal de que "receberemos" o que quer que a nossa alma mais precise – até mesmo a reposição daquilo que perdemos.

Perder um filho sempre causará mudanças radicais no nosso modo de viver. Essa perda cria uma nova dinâmica entre os pais, entre os pais e os outros filhos e entre a família e seu círculo de amigos. Ela cria um processo de luto que pode ser muito diferente caso saibamos que ainda estamos ligados ao filho que se foi. E ela é provavelmente o "sinal" mais marcante que alguém pode receber do Programa que sua alma decidiu seguir.

Se você acha que ninguém jamais escolheria vir a este mundo com a proposta de sofrer a perda de um filho, entenda que você escolheu as circunstâncias do seu nascimento, seus filhos o escolheram para ser seu pai (ou mãe), e que essas escolhas têm uma razão de ser que sua alma entenderá, muito embora você possa não compreendê-las no nível consciente. Tudo tem uma razão de ser.

Capítulo dez

Cônjuges, amigos e animais de estimação

Todos precisamos encontrar o amor na nossa vida, seja com a família em que escolhemos nascer ou por meio dos relacionamentos que travamos ao longo da vida. Depois que chegamos à idade adulta e começamos a nos distanciar um pouco da nossa família, ou quando nossa família não está mais neste plano, começamos a criar outras famílias, tanto literal quanto metaforicamente. Isso acontece porque precisamos desse tipo de conexão e interação para a evolução do nosso Programa Anímico.

O nosso cônjuge, e os filhos que temos com esse cônjuge, tornam-se certamente os relacionamentos mais próximos, nucleares e literais da nossa vida adulta. Mas, particularmente no mundo moderno, onde tantos de nós se mudam para longe da família e não necessariamente se casam ou ficam casados a vida toda, os amigos podem se tornar ainda mais próximos e importantes do que os nossos parentes sanguíneos, e podem se tornar "uma família" para incontável número de pessoas. E há também o amor que damos e recebemos de nossos animais de estimação, que podem ser (e têm sido para mim) a forma de amor mais pura e incondicional que existe.

Quando perdemos qualquer um desses relacionamentos amorosos, isso afeta a trajetória da nossa vida. Precisamos chorar essa perda e superá-la assim como fazemos com a perda de um pai, de um filho ou de um irmão.

A perda do cônjuge

Como acontece em qualquer tipo de perda, a dor que sentimos quando perdemos um cônjuge depende de como e quando esse cônjuge falece.

Se envelhecemos juntos, compartilhamos muitos anos da nossa vida, provavelmente toda a nossa vida adulta, e a perda desse cônjuge pode ser algo devastador e desnorteante. Quantas vezes já ouvimos falar de parceiros que, depois de um casamento de décadas, acabam falecendo alguns meses depois do cônjuge? E quantas vezes já ouvimos amigos e parentes dizendo algo como, "Ah, depois que o marido morreu, ela simplesmente não queria mais viver"? Nesses casos, não acho que a união entre essas pessoas era apenas física; era também uma união de almas. Essa alma precisava seguir o parceiro até o outro plano. Elas podem ou não permanecer juntas e voltar juntas para passar por uma nova experiência física, mas havia algum tipo de questão inacabada entre si que elas precisavam resolver no período entre-vidas.

Às vezes, porém, muitos anos se passam até que o outro cônjuge se vá deste plano. O sobrevivente pode ter, então, muitas perguntas não respondidas e querer saber se o outro ainda se lembra dele, se um dia eles vão voltar a se encontrar e se o cônjuge que morreu primeiro ainda vai amar aquele cujo corpo físico envelheceu. Eis como um cavalheiro explica essa questão ao descrever o que aconteceu em sua leitura comigo:

> Alguns dias antes da minha leitura, eu conversei com minha esposa em meditação sobre como tinha sido minha vida depois da morte dela e sobre todos os medos que eu tinha do futuro, fosse ele longo ou curto. O meu maior receio era saber se um dia iríamos ou não ficar juntos novamente, mas eu também me preocupava porque essa linda senhora tinha morrido

aos 46 anos e eu tinha agora 64. Essa diferença de idade traria consequências graves para a nossa vida em outro plano? Não sei dizer quantas vezes, antes da leitura, eu me perguntei estas três coisas:

Ela ainda me amava? Um dia ficaremos juntos outra vez? Se ficarmos, quando seria?

Eu de fato recebi uma confirmação energética durante a leitura e isso me deixou muito feliz, embora tudo o que me fosse confiado foi o fato de que ela simplesmente queria que eu fosse feliz nos anos que me restavam na Terra. A leitura continuou durante algum tempo e o que eu queria saber não me foi revelado. Então, quando a sessão chegou ao fim e eu estava recolhendo meus pertences, Suzane tinha algo mais a me dizer. Ela disse, "Sua mulher quer que você saiba que ela o ama e que vocês estarão juntos muito em breve, mas não amanhã". As respostas exatas às minhas perguntas! Estou agora, como se diria, "pronto para o que der e vier". Não preciso mais de confirmação do outro lado. Tenho esperanças renovadas de que minha mulher sempre estará ao meu lado.

O mais interessante sobre esse homem era o fato de que ele, a princípio, viera com outra pessoa, e não estava certo de que acreditava nessa coisa toda de comunicação com os mortos. Eu descobri mais tarde, e por essa experiência descrita aqui, que ele estava a ponto de ir embora da leitura ainda sem muita certeza até o momento em que eu o chamei de volta e lhe transmiti a mensagem final, ou seja, a resposta às suas três perguntas. Muitas pessoas precisam que as mensagens ou comunicações cheguem até elas da maneira que esperavam. Do contrário, não se convencem de que acreditam ou estão dispostas a acreditar. Em alguns casos, como o anterior, o DS sabia como era o seu cônjuge e chegou à conclusão de que, se ele precisava de determinadas respostas, ele as teria. Os DSs de fato nos amam e essa é somente mais uma prova de que estão dispostos a tudo para nos ajudar com seu grande amor. Essa é a razão básica por que continuam ligados a nós.

Mas e o que dizer daqueles que perderam o cônjuge quando ambos eram muito jovens – num acidente, por doença ou num desastre inesperado? Sempre existe um programa e uma razão em ação aqui que irá afetar não só a vida do cônjuge que sobreviveu, mas toda a família. Foi Lisa Beamer, esposa de Todd Beamer, que morreu ao enfrentar os sequestradores do Voo 93, que disse, "Algumas pessoas vivem a vida toda, muitos e muitos anos, sem deixar nada para trás. Meus filhos sempre ouvirão dizer que o pai deles foi um herói, que ele salvou vidas. Esse é um grande legado que um pai pode deixar aos filhos". Crescer sem um pai certamente vai exercer uma grande influência sobre a vida deles, mas eles também aprendem uma lição inesquecível com a morte paterna. Tudo tem uma razão de ser.

Nem todo mundo que morre jovem é um herói, mas todos deixam um legado na forma de lições que o cônjuge e os filhos aprenderão com sua morte. Pense nas jovens esposas que deram à luz crianças depois da morte dos maridos no World Trade Center ou nas mulheres cujos maridos foram para a guerra e nunca conheceram os filhos. Certamente a vida dessas mulheres será dramaticamente diferente do que esperavam. Como os filhos seriam se elas os tivessem criado ao lado de um pai amoroso? E o que dizer dos filhos? Eles também receberam um legado – a vida delas foi determinada pela morte, antes mesmo de começar.

Sempre existe uma razão, mesmo que ela não seja sempre clara. Essas mulheres obviamente perderam alguém muito importante, mas talvez tenham se tornado mais fortes e independentes por causa disso. Talvez tenham encontrado oportunidades de crescimento que não encontrariam se tivessem um homem em quem se apoiar. As crianças também optaram por fazer parte dessa família sem pai. Talvez elas tenham desenvolvido um sentimento de compaixão e generosidade de que suas almas precisavam para crescer. Talvez o motivo fosse que elas precisavam aprender a lidar com a adversidade. Ou talvez elas não aprendam nenhuma lição que essa perda lhes poderia ensinar, e nesse caso continuarão o processo de aprendizado entre-vidas ou talvez na vida seguinte.

Mas nem sempre é o marido jovem quem morre. Homens jovens também perdem suas esposas – se não na guerra, num acidente, por doença ou até no parto. A perda da esposa num acidente inesperado pode fazer com que o marido chocado se dê conta da sua própria vulnerabilidade – algo em que os homens jovens não costumam pensar muito. Ou assistir a uma jovem adorável sucumbir a uma doença debilitante também pode despertar a compaixão que de outro modo ficaria adormecida durante anos. Perder a esposa durante um parto também é uma situação extremamente desafiadora. Será que o pai culpará a criança pela morte da mãe ou a amará ainda mais por ela representar um legado da esposa? A criança se sentirá culpada por ter causado a morte da mãe? Ou encontrará um modo de se perdoar pela morte dela?

Como sempre, as reações ao que acontece conosco, de acordo com o projeto do nosso Programa Anímico, determinam os rumos da nossa jornada, e nunca existirão duas jornadas idênticas, mesmo em circunstâncias parecidas.

Todas as pessoas que perderam seus cônjuges, no entanto, precisam saber que seus entes queridos não deixaram esta vida sem a ajuda "do alto". O amor deles continua, o que significa que ainda se preocupam com a felicidade e o futuro de seus cônjuges e filhos. E, dependendo do seu Programa de Limites, eles continuarão participando da sua vida. Isso sempre acontece, tenham eles morrido jovens ou bem idosos; depois de uma longa vida juntos ou de um relacionamento mais breve; tenham morrido de uma doença, de um acidente de carro ou de outra causa qualquer. E simplesmente saber disso pode ajudar bastante os entes queridos a tornar seu fardo mais leve e a viver bem o restante de sua vida neste plano.

Eis aqui uma história que tocou meu coração:

Meu marido tinha uma jaqueta favorita. Ele a apreciava tanto que literalmente a usou até ela ficar puída. Depois de sua morte, por volta de dez meses depois, eu decidi que queria reformá-la. Tratava-se de uma jaqueta de piloto de uma série de TV, por isso era uma espécie de antiguidade que ninguém manda para qualquer costureira. Perguntei a uma figurinista que eu conhecia se ela tinha uma boa profissional que pudesse reformar a jaqueta. Ela me prometeu que a peça ficaria como nova depois que fosse reformada.

Alguns meses se passaram e eu me esqueci completamente da jaqueta.

Era dia 13 de janeiro de 2002 e meu filho faria 2 anos de idade no dia seguinte. Seria o seu primeiro aniversário sem o pai. Eu fiquei bem o dia todo e até organizei uma festa de aniversário para ele. Muitos amigos foram a minha casa, mas no final do dia eu não podia deixar de pensar que alguém muito importante estivera ausente. O pai dele.

No dia seguinte, 14 de janeiro, meu filho tinha oficialmente 2 anos de idade. Eu o deixei na creche e fui para o trabalho, pensando na jaqueta do meu marido. Refleti que seria muito bom se eu tivesse a jaqueta de volta agora e a pudesse dar a ele como presente do pai. Dei de ombros e continuei o meu caminho para o trabalho.

Quando estava tomando o meu café aquela manhã, ouvi alguém me chamar de longe. Virei-me e vi que a figurinista andava na minha direção segurando uma sacola. Claro, ela trazia a jaqueta. Estava como que novinha em folha! Foi um belo presente que meu filho recebeu do pai nesse dia, o do seu verdadeiro aniversário.

Uma única comprovação às vezes pode bastar para mudar o jeito de pensar de quem sofreu uma perda. Eis aqui o que escreveu uma cliente sobre a sessão que fez:

Eu ouvi Suzane por alguns minutos e então ela disse, "há um homem aqui que está apontando para o topo da cabeça... ele não tem cabelo numa parte da cabeça ou a está cobrindo com um chapéu, não sei... mas ele está me mostrando o topo da cabeça, não sei por que... a quem Frank está ligado?" Eu mal podia acreditar, meu marido, Frank, tinha feito uma cirurgia no cérebro que deixara uma enorme cicatriz no topo da sua cabeça. Para ele, a cirurgia foi o começo do fim. Ela ainda disse outras coisas, mas foram essas palavras que eu ouvi várias e várias vezes (pois gravei a sessão). Ainda estou em choque e toda vez que ouço "A quem Frank está ligado?", sinto algo quem nem sei descrever. Mas é um sentimento bom e, desde que Frank morreu, não tenho tido muitos deles.

Pouco tempo atrás, uma viúva explicou o quanto significou para ela receber uma mensagem de amor do marido:

Durante a minha leitura particular com Suzane, ela entrou em contato com meu marido e descreveu sua personalidade tranquila. Ela descreveu a vida boa embora breve que passamos juntos. Ela o viu usando um uniforme azul (ele era piloto). Ele lhe contou que eu recebia algum dinheiro de indenização por sua morte (eu recebia mensalmente benefícios de um fundo de pensão que eu não sabia que tinha antes da morte dele). Ele disse que era responsável por mandar muitos amigos e pessoas para me ajudar a lidar com a sua morte; que eu tinha ficado muito ocupada e quase não parava em casa. Ela viu que eu tinha me mudado pouco tempo antes e que ele estava feliz com essa mudança. Ela descreveu com precisão como ele tinha ficado doente, então melhorado por um tempo, e depois tido uma grave recaída, e como estava apavorado da última vez, pois sabia que não iria deixar o hospital. Ela falou de um anel especial com uma pedra – não um diamante ou anel de casamento (Ele tinha acabado de me dar um anel com um topázio azul.)

Antes dessa leitura, eu tinha ido a um encontro em grupo. Cada um de nós tinha pegado de um chapéu o nome de uma pessoa com quem outra pessoa queria se comunicar. Uma mulher pegou o nome do meu marido e sem hesitar explicou que ele tinha entrado em contato com ela, dizendo que sua mulher estava ali e estava sofrendo muito com a morte dele. Ele expressou o seu amor por mim – a única coisa que eu precisava desesperadamente ouvir.

Acho que é importante observar que, a primeira mensagem que essa mulher recebeu do marido foi simplesmente a de que ele a amava, e que ela reconheceu que essa era a coisa mais importante que precisava ouvir. Mas para mim, a informação que ele transmitiu na sessão particular de que tinha dado uma mãozinha para que ela tivesse em torno de si pessoas que a apoiassem no seu processo de luto, foi a prova do fato de que os DSs não só continuam a nos amar, mas também participam ativamente da nossa vida. E mais uma vez eu quero enfatizar o quanto é importante esse tipo de apoio para quem está chorando a perda de um ente querido.

Quando uma pessoa mais velha deixa uma viúva ou viúvo, muitos dos seus amigos já podem ter falecido também, e os filhos adultos, embora possam se preocupar, não raro moram em lugares distantes. Mas, quando um cônjuge mais jovem falece, o isolamento imposto ao parceiro que sobreviveu pode ser bem grande também. Os casais do seu círculo de amigos podem não querer ou não saber como interagir com ele. E as mulheres muitas vezes parecem ter medo de que a jovem viúva esteja procurando outro marido – talvez o delas! Como em geral é a mulher quem se incumbe dos compromissos sociais do casal, infelizmente é mais provável que a jovem viúva não esteja entre os convidados. Por alguma razão, isso parece muito mais comum no mundo heterossexual do que, por exemplo, na comunidade homossexual, que parece dar mais apoio e ajudar quem perdeu um parceiro. Eu suspeito que isso aconteça porque acontecem muito mais perdas nesse grupo, o que faz com que eles desenvolvam uma compaixão mais profunda, que parece não existir no mundo dos relacionamentos tradicionais. Eu também vejo essa dinâmica de "apoio" em outras comunidades baseadas na cultura e na etnia. Tudo depende do que foi convencionado como indicativo de consolo de uma comunidade especial.

No caso da minha cliente, porém, a pensão de Frank a estava ajudando com suas necessidades materiais, mas ele também quis se certificar de que ela estava recebendo ajuda com respeito às suas necessidades emocionais. E ele estava feliz de saber que ela andava ocupada e, aparentemente, superando a perda que sofrera. Sem a consciência do amor e da orientação do marido, ela poderia não conseguir superar a dor.

Quando perdemos um amigo

Dar e receber amor, sentir-se amado, saber que existem pessoas que realmente se importam conosco – esses sentimentos são essenciais na vida de qualquer pessoa. Aprender a amar é uma das razões básicas pelas quais estamos aqui.

Às vezes, não recebemos amor das fontes mais tradicionais – pais, cônjuges, filhos. Alguns de nós não se casam, mudam-se para longe da casa dos pais ou podem nunca ter filhos – e nesses casos, precisamos criar uma família amorosa onde quer que estejamos. Podemos encontrar amigos com quem criamos laços muito profundos e que, de fato, se tornam um prolongamento da nossa família. Ou, mesmo que tenhamos uma família, podemos não ter uma ligação tão próxima com ela – do ponto de vista físico ou emocional – para compartilhar nossos pensamentos mais profundos ou sentimentos mais verdadeiros. Às vezes é mais fácil compartilhar essas coisas com os amigos. Por causa dessa proximidade – uma proximidade que escolhemos –, a perda de um amigo pode deixar um vazio tão grande em nossa vida quanto a perda de um membro da família.

Ainda me espanta ver quantas pessoas que vêm a sessões, leituras, seminários e cursos parecem se surpreender quando recebem mensagens de um amigo, em vez ou além das mensagens de um membro da família em particular, com quem gostariam de fazer contato. É por isso que passo um bom tempo, no início de todos os meus eventos, alertando meus clientes sobre o risco de desenvolver "amnésia psíquica" e incentivando-os a ter a mente tão aberta quanto possível com relação a quem enviará mensagens. Afinal de contas, quando o telefone toca, não sabemos quem está do outro lado (a menos que tenhamos um identificador de chamadas e mesmo assim nem sempre ele funciona). Uma mulher aprendeu essa lição para a sua grande surpresa e prazer, quando compareceu a uma sessão em grupo:

> "Quem aqui reconhece uma energia masculina usando um longo avental branco e um estetoscópio e que atende pelo nome de Alan? Ele morreu de repente – uma dor forte no peito – um ataque do coração", disse Suzane.
>
> Eu olhei em volta e percebi que ninguém tinha se manifestado. Será que de fato poderia ser para mim? Minha boca não se mexia, mas por fim as palavras saíram e eu disse, "Acho que reconheço essa pessoa".

Suzane levantou a cabeça e olhou na minha direção, mas não abriu os olhos. Ela balançou a cabeça e começou a dizer num tom sarcástico, "Muito bom! Ele disse que já era hora de você falar alguma coisa".

Eu dei uma risadinha, pois no fundo sabia que estava fazendo contato com alguém que eu amara muito e de quem nunca tinha tido a oportunidade de me despedir. Ela continuou, confirmando que nós dois tínhamos trabalhado na área médica.

"Ele quer que você saiba que sente não ter conseguido se despedir. Tudo aconteceu de modo muito inesperado." Ela então perguntou se eu tinha entendido a mensagem. Eu disse que sim.

A sua frase seguinte me fez pular da cadeira, "Vocês dois costumavam travar longos debates quando ele era vivo, correto?" Eu respondi, "Correto". "Bem, ele quer que você saiba que estava certa e ele errado. Você entendeu isso? Claro que entendeu." Suzane então se recostou na cadeira e ficou quieta por uns cinco segundos. Ela então sorriu e disse, "Ele está rindo. Quer que você saiba disso." Ela perguntou se eu tinha alguma coisa para dizer a ele. Eu não estava preparada para essa pergunta. Disse, "Por favor, diga a ele que sinto a sua falta e o amo". Ela sorriu e disse, "Você pode dizer você mesma, mas ele já sabe disso".

Nesse ponto, eu senti que, mesmo que tivesse ganhado um milhão de dólares, isso não se compararia ao que tinha acabado de vivenciar. Meu amigo Alan tinha morrido de repente de ataque cardíaco. Eu tinha falado com ele dois dias antes. Trocamos gracejos sobre os nossos planos para o fim de semana e eu disse que voltaríamos a nos falar na semana seguinte. E então ele se foi. Sem despedidas – apenas se foi. Eu sofri terrivelmente, porque éramos almas afins. Suzane tinha fechado as minhas feridas trazendo Alan de volta.

Quando acabamos a sessão, alguém no grupo se virou para mim e perguntou que debate meu amigo médico e eu travávamos. Eu olhei diretamente para Suzane, que sabiamente entendeu, e repliquei que o assunto do nosso longo debate era "Existe vida após a morte?"

Às vezes, um "amigo" toca a nossa vida brevemente num momento especialmente importante e muda a nossa trajetória. Depois que essa conexão acontece, porém, ela nunca mais é rompida, não importa quanto tempo se passe, e vai além até mesmo desta vida. Eu tive o privilégio de confirmar essa ligação inquebrantável com um cliente pouco tempo atrás.

Quando eu era adolescente, encontrei um padre, padre G, que "tocava a minha alma". Eu me liguei a ele imediatamente. Havia algo de maravilhoso na sua fé, na sua espiritualidade. Ele foi meu conselheiro durante um breve período, mas não éramos da mesma religião e as circunstâncias me afastaram de sua igreja. Ao longo dos anos, pensei nele muitas vezes e, quando soube que ele tinha morrido em Connecticut, imediatamente eu o incluí no meu círculo familiar de DSs e comecei a conversar com ele, rezar por ele e me perguntar se ele saberia o quanto significou para mim. Ele me abrira uma porta. Por causa dele, minha "busca espiritual" tivera início.

Durante a leitura, Suzane estabeleceu um "contato com Connecticut". Eu não conhecia ninguém em Connecticut, nunca conheci. Quando o espírito começou a falar a Suzane sobre o significado da sua "túnica", comecei a suspeitar que poderia se tratar do padre G. Mas eu tinha minhas dúvidas, pois não éramos parentes nem próximos em vida. Quando Suzane perguntou o que havia de significativo com relação ao pescoço do homem, eu soube que tinha que ser ele. Eu disse a Suzane que era o colarinho de clérigo do padre G. e quando ela perguntou se eu tinha conhecido esse homem num momento importante da minha vida, eu tive certeza de que era ele. Suzane captou a inicial do seu sobrenome e o fato de que ele fora um fumante inveterado. Era certamente o padre G eu me senti extremamente confortado e feliz ao perceber que agora ele sabia o que não poderia ter adivinhado em vida, que sua gentileza e seu espírito tinham exercido uma grande influência sobre mim e me colocado no caminho espiritual.

Sou muito grato à leitura de Suzane. Outros parentes também fizeram contato. A conexão com minha mãe e com meus outros parentes confirmou os laços que existem entre nós aqui na Terra e eles, que já faleceram. No entanto, o fato de o padre G – alguém com quem eu tinha uma ligação espiritual e não "oficial" – ter vindo e entrado em contato comigo é, de muitas maneiras, uma confirmação maior dos laços que existem entre os vivos e os mortos.

Um laço é um laço, seja ele "espiritual" ou "oficial", seja com uma pessoa que vemos todos os dias ou com alguém cujo caminho cruzou com o nosso uma só vez. Do mesmo modo que a família é sempre família, seja no plano físico ou não, aqueles que estão ligados a nós por laços de amizade também continuam ligados a nós na outra vida. Sempre existe uma razão para essa ligação que não se desfaz.

Eu gostaria de me ater a uma questão sobre a qual as pessoas sempre me perguntam. Eu acho que é mais para fazer um comentário escrito sobre uma afirmação que as pessoas costumam fazer sobre os médiuns e, no meu caso, sobre uma médium que fala com os mortos.

Eu sofro como todo mundo.

Não estou imune a isso. Nenhum de nós pode esperar fugir dessa dor. Ninguém é exceção.

E eu tenho um Programa Anímico como todo mundo.

Não, eu não posso simplesmente andar por aí, falando com todo mundo do outro lado da vida – evocando os espíritos – quando eu mesma me sinto assim. Às vezes, eu também preciso de ajuda e alguns sinais. Eu também sofro como todo mundo quando perco alguém próximo a mim. Não importa como você encare a perda, seja ela de quem for, uma perda é sempre uma perda. Deixe-me contar uma história pessoal.

Eu tinha uma amiga que era provavelmente uma das pessoas mais próximas a mim, fora da minha família. Eu conhecia essa mulher há 25 anos e tínhamos uma ligação que ia além de qualquer definição – éramos mais do que irmãs. Ela era casada e tinha filhos. Eu a encontrei pela primeira vez quando fui a Long Island para dar um curso e ela estava lá com seu filho de 9 anos de idade, que na época já escrevia histórias sobre experiências fora do corpo e as mostrava na escola. Logo nos tornamos amigas e comecei a trabalhar com ela e com outras pessoas. Em troca, ela me convidava para jantar.

Ao longo dos nossos 25 anos de amizade, nós obviamente compartilhamos algumas das nossas histórias mais íntimas. Eu soube que ela tinha ficado grávida aos 17 anos e sido forçada, pelo estigma da mãe solteira que existia na época, a colocar o filho para adoção. Um menino. Isso era algo que ela nunca tinha superado. Por fim, a certa altura da sua vida, sua filha desse casamento convenceu-a a procurar a criança.

Ela colocou um anúncio num site da Internet, na tentativa de encontrá-lo. E isso de fato aconteceu. Como ela soube depois, ele procurava por ela também. Tinha sido criado no mesmo bairro e, durante um tempo, fora o entregador de jornais da sua casa. Normalmente, qual são as chances de isso acontecer?

Um ano atrás, ela começou a sentir dor na parte inferior do abdômen e dizia que era como estar grávida. Eu lhe disse que ela precisava ir ao médico imediatamente e ela marcou uma consulta. Fomos juntas e os médicos descobriram que se tratava de um grande tumor canceroso. Ela precisava ser operada sem demora. Eu não pude estar com ela na época da cirurgia, pois estava viajando, mas eu tinha notícias diariamente. Quando finalmente voltei da viagem e fui vê-la, havia tubos saindo de todas as partes do seu corpo. Eu não conseguia entender como alguém podia suportar aquilo.

Ela aos poucos se recuperou e voltou para casa, onde foi cuidada pela irmã. Os médicos tinham feito tudo o que era possível para extirpar o tumor e minha amiga estava tão convencida de que estava curada que acabou convencendo todos à sua volta também. Eu estava sempre viajando e sua irmã foi incansável, recusando-se a sair de perto dela. Eu tinha certeza de que isso significava muito para a minha amiga, pois ela nunca recebera muito amor nesta vida.

Ela morreu no verão passado de câncer no ovário. Fiquei arrasada e até hoje estou tentando entender e processar o sentimento de perda. Eu, como você, estou procurando a razão. É tão triste saber que ela teve um filho tão jovem; depois o viu ser arrancado dela, quase como se o tirassem do seu próprio útero; e então passou por uma histerectomia e, finalmente, por um câncer de ovário. Só descobrimos posteriormente que a irmã gêmea de sua mãe tinha morrido da mesma doença.

Enquanto eu passo por este período de ajuste, depois da morte dela, parece tão estranho não poder pegar o telefone e ligar-lhe como eu fiz durante anos. Também é estranho não visitá-la mais em Long Island. Durante a maior parte do ano passado, estive viajando. Eu anseio pelo nosso contato espiritual e me pergunto quando e como ele acontecerá. Ao contrário do que possa parecer, nem mesmo eu tenho um contato direto.

Eu estava no Havaí, algum tempo atrás, para uma conferência e resolvi dirigir por uma estrada só para relaxar durante algumas horas. Tinha comigo um CD da trilha sonora de um filme, *Regras da Vida,* que alguém tinha me dado de aniversário. Eu adoro esse filme e a música, e enquanto ela tocava fiquei pensando na minha amiga.

De repente o CD começou a ficar mais lento e depois mais rápido. Num certo ponto, ele parou. Eu o ejetei e coloquei-o de novo. Ele não tocou das primeiras vezes e depois começou novamente, sem hesitação, continuando até o final da música sem interrupções. De repente entendi tudo. Professora, lembre-se do que você ensina! Estava eu ali pensando na minha amiga e ela estava me dando um sinal de que estava ali comigo. O filme é sobre um menino e um orfanato. Assim como a criança que ela deu para adoção ao nascer. Eu estacionei no acostamento e deixei que as lágrimas rolassem pelas minhas faces enquanto agradecia.

Desde essa época, estou na turnê planejada pela minha agente literária. Se você, assim como eu, acha que coincidências são apenas uma maneira de Deus permanecer anônimo, quero contar que uma das cidades pelas quais passei era exatamente o lugar onde a esposa do filho de minha amiga estava dando à luz um neto; um ano antes de sua morte, minha agente planejou que uma das cidades de minha turnê seria o lugar onde estavam as cinzas da minha amiga; eu estou escrevendo este livro em Kansas City, onde mora um de seus irmãos, e minha próxima parada é o Texas, onde mora o seu outro irmão.

Eu captei os sinais que estão me transmitindo e sei que ela está perto de mim. E continuo a passar pelo meu processo de luto, assim como todo mundo.

E o que dizer dos animais de estimação?

Muitas vezes me fazem esta pergunta sobre os animais de estimação: "Onde eles estão?" Minha resposta é que eles estão "por aí", no mesmo lugar que os DSs humanos. Os meus seminários, cursos e sessões estão sempre cheios de animais de estimação. Os cães parecem ser os visitantes mais frequentes, mas os gatos e os pássaros também aparecem e às vezes controlam tudo lá (como provavelmente faziam aqui na Terra).

Eles podem ser extremamente persistentes e parecem saber, tanto quanto os DSs "humanos", quando alguém deste plano precisa que entrem em contato. Lembro-me de uma sessão, no inverno passado, em que três cães apareceram num lado da sala. Apenas dois deles foram identificados, embora nos tenha sido informado que o terceiro, não identificado, sofrera de problemas urinários no final da vida. Foi só alguns dias depois que uma mulher de repente percebeu que o visitante não identificado era o terrier branco de uma amiga dela, que tinha morrido de insuficiência renal alguns meses antes. Quando se deu conta disso, ela telefonou correndo para a amiga, avisando que seu querido Angie estava bem.

Os animais fazem parte de uma *alma grupal*. Eles têm alma, mas não "evoluem", tornando-se humanos na vida seguinte. Os animais, como os seres humanos, vão sempre fazer parte da alma grupal de sua própria espécie. Portanto, se você acha que quer "voltar" como o poodle de estimação de alguém, esqueça essa ideia.

Os animais domesticados, porém, principalmente nossos queridos e tão mimados animais de estimação, muitas vezes continuam perto da sua família humana, depois da morte, e como a vida deles é mais curta que a nossa podem às vezes voltar para este plano, no corpo de outro animal da mesma espécie – caso esse seja o desejo tanto do animal quanto do ser humano com quem ele tinha uma ligação.

Para muitas pessoas, a perda de um animal de companhia pode ser tão – ou mais – devastadora do que a perda de um ente querido humano, e a alma do animal parece entender isso muito bem. Muitas das ocasiões em que pude estabelecer contato entre uma pessoa e seu animal de estimação em espírito foram tão tocantes, se não mais, do que as conexões que fiz entre familiares e amigos humanos.

Em outubro, Larry, meu cão de 17 anos e melhor amigo, faleceu. Eu fiquei arrasada. Comecei a ouvir as fitas de meditação de Suzane nos fins de semana. Passei a "ver" cada vez mais imagens nas meditações e então comecei a ver Larry. Primeiro apenas seus olhos e depois ele de corpo inteiro, saudando-me a cada meditação. Essa foi a minha recompensa por ouvir Suzane: qualquer um pode fazer contato, inclusive animais de estimação, pois eles também nos amam.

Na última primavera, eu assisti a um minicurso de Suzane. Foi uma das maiores experiências que já tive, algo que provavelmente mudou a minha vida para sempre. Antes desse curso, eu meditava e pedia à minha família para me trazer Larry, de modo que eu pudesse confirmar se o que eu tinha visto nas meditações de fato era "real".

Eu me senti um pouco encabulada ao escrever o nome de Larry no papel, enquanto outras pessoas esperavam entrar em contato com seus pais, irmãos e filhos perdidos tragicamente. Mas Larry salvara a minha vida dez anos antes e ele era o meu filho.

O homem do grupo que sorteou o nome de Larry disse que sentiu dor nas pernas e ouviu o nome "Ben". Suzane captou mais informações, inclusive o fato de que ele estava sendo trazido por um homem (que depois descobri que era meu guia espiritual) e minha sogra, que o dera para mim. Ela então passou para outra pessoa, mas voltou-se abruptamente para mim e perguntou, "É escuro onde você mora? A sua casa é escura?" Eu soube no mesmo instante o que ela queria dizer com a pergunta: eu via Larry todos os dias, na meditação, através de uma pequena abertura, como se fosse uma pequena gruta ou uma toca de coelho. Era exatamente o que eu precisava saber. Eu não teria pensado em nada melhor. Então deixei escapar, "Eu sei o nome agora – é Bear [urso, em inglês]! Larry era Larry oficialmente, mas na família nós o chamávamos por muitos apelidos – Lawrence, BooBoo, Bear.

Então o homem que lera o meu papel tinha de fato conseguido captar o nome dele. E Suzane se comunicou com a minha sogra, que tinha morrido tragicamente um ano depois que eu e meu marido nos casamos. Ela tinha uma ligação especial com Larry e muitas vezes dizia que ele sabia "dizer" vovó, embora ela tenha ficado cega e surda durante seus últimos anos. Seu amor por ele e pela família, eu inclusive, manteve-a neste mundo muito mais tempo do que o permitia seu corpo e a tornou uma figura importante na nossa vida.

Eu poderia não ter acreditado no que vi nas meditações se não fosse por Suzane. Esse curso abriu meus olhos para um mundo e uma vida novos.

As confirmações se sucedem: *você* também pode entrar em contato com seus animais de estimação falecidos. Ele fará contato com você. Os animais não morrem sozinhos, assim como não morrem sozinhos os seres humanos. E eles permanecem com seus entes queridos quando passam para o outro lado.

Uma consequência triste do fato de eles serem animais e nós, seres humanos é que às vezes temos de fazer escolhas difíceis para os nossos animais de estimação (assim como às vezes temos que fazer escolhas difíceis para os seres humanos que amamos). Esse fato faz com que o processamento da perda seja ainda difícil, pois tentamos imaginar se de fato fizemos a coisa certa. Se o animal "entendeu" a nossa atitude e se nos perdoou.

É difícil raciocinar em ocasiões como essa, no entanto eu sei que para isso também existe uma razão. E sempre me sinto abençoada quando posso dissipar esse tipo de dúvida, como fiz no caso de Joanne, que participou de um retiro em Barbados liderado por mim e outros amigos de profissão.

Pelo que eu posso me lembrar, sempre tivemos um cão de estimação em casa. Às vezes convidávamos até o cachorro do vizinho para ficar em casa. Portanto, quando comprei minha própria casa, a coisa mais natural a fazer era arranjar um cachorro.

Lembro-me de visitar uma feira de produtos usados e ver uma mulher com uma ninhada de cãezinhos de um mês de idade – criaturinhas que lembravam ursinhos de pelúcia. Eram os cãezinhos mais adoráveis que você pode imaginar, mas um deles era especial. Quando eu a peguei no colo soube que ela iria para casa comigo. Dei-lhe o nome de Chewie Bear [Urso Mastigador].

Os anos se passaram e ela perdeu a aparência de urso, mas não sua personalidade travessa. Ela era uma cadela alegre e estava sempre ao meu lado. Ao longo dos anos, recebeu de bom grado mais dois cães em casa e dividiu seu espaço com eles.

Quando fez 13 anos, Chewie começou a mostrar sinais de envelhecimento. Sua perna traseira direita não a sustentava mais e ela tinha problemas digestivos. Um mês antes do seu décimo quarto aniversário, eu não suportava mais ver a sua dor. Sempre rezei para que Deus a levasse embora dormindo, quando sua hora chegasse. Mas não era assim que tinha de ser. Quando carreguei Chewie no colo a caminho do veterinário, eu sabia que teria que ficar com ela até o fim. O veterinário me disse que primeiro daria a ela um sedativo para acalmá-la. Eu pude sentir seu corpo relaxando em meus braços, enquanto ela começava a pegar no sono. Em prantos, afaguei seu pelo e disse a ela que tudo ficaria bem. A injeção seguinte seria para amenizar sua dor. E então ela se foi. Eu a abracei e disse adeus em voz baixa. Nos quatro dias seguintes, chorei até ficar doente. Como Chewie poderia um dia me perdoar?

Alguns meses depois, vi no site de John Edward que haveria um retiro em Barbados. Era justamente o que meu médico tinha me receitado. Eu telefonei para minha irmã, que tinha acabado de perder o marido, e não foi preciso muito para convencê-la de que deveríamos ir.

Conclui, antes de ir, que não havia ninguém no mundo espiritual com quem eu quisesse fazer contato e que eu iria apenas para relaxar e acompanhar minha irmã. Mas lá no fundo eu esperava em segredo que alguém viesse me dizer que Chewie estava bem.

Minha primeira sessão em grupo foi com John. Muitos animais se manifestaram aquela noite, incluindo um cavalo, mas não Chewie. Quando perguntei a John a razão disso, ele disse que aquilo era coisa "deles" e que se alguém ali poderia se comunicar com o meu cachorro essa pessoa provavelmente era Suzane. Minha sessão com ela seria a última do retiro.

Eu me preparei para o melhor e para o pior. Suzane andou pela sala, distribuindo-nos estrategicamente pelos assentos corretos. Eu estava sentada à direita dela. Não demorou muito até que Suzane anunciou a presença de um cachorro de médio porte, muito peludo. Ela perguntou se meu cão tinha problemas cardíacos e, quando eu disse que era eu quem tinha um problema no coração, ela respondeu, "O seu cão está dizendo para você se cuidar". Ela então me perguntou se Chewie tinha ficado doente e se eu tinha optado pela eutanásia. Quando confirmei, ela me disse, "Ela quer que você saiba que está tudo bem e que ela entende". Toda angústia que eu carregava comigo há meses finalmente se acabou. Antes eu não sabia se tinha feito a coisa certa e me sentia culpada por isso. Deixei Suzane aquela noite com um sentimento de paz no coração, pois sabia que Chewie tinha realmente estado lá.

Ainda penso em Chewie o tempo todo e ela até já me visitou numa ocasião. Às vezes, à noite, posso senti-la se deitando aos meus pés, na cama. Sei que ela vive feliz onde está agora e está correndo como um filhotinho outra vez.

Finalmente a minha Chewie voltou para casa.

O amor está onde o encontramos

Não há como dizer quem devemos ou não devemos amar, ou onde é aceitável buscar amor. Todos os nossos relacionamentos elevam e enriquecem a nossa vida de um jeito ou de outro. Qualquer que seja a ligação de amor, ela acontece por algum motivo. Quando perdemos um ente querido, nós choramos essa perda e ninguém pode nos dizer por quem, quando ou por quanto tempo devemos lamentá-la. Ouvir alguém dizer "supere isso" ou "É hora de tocar sua vida em frente" sempre arrepia os pelos da minha nuca. A dor da perda é uma jornada pessoal.

No entanto, nós de fato precisamos aprender com essa perda. Se não aprendermos, não cresceremos. A nossa alma continuará presa ao passado e, seja qual for a lição de que precisávamos, teremos que passar por ela outra vez numa outra vida. O processo de luto faz com que a nossa alma supere os seus limites. Se não fosse para amarmos profundamente ou vivermos a experiência da perda, não estaríamos aqui. Não haveria razão para isso. Os nossos entes queridos em espírito – sejam quem forem – sabem disso e querem nos ajudar a superar a sua perda.

Portanto, devemos ficar sempre abertos para aceitar o amor e a orientação de quem quer que eles venham, seja de um cônjuge com quem esperamos nos encontrar novamente, um amigo que tenha tido um significado especial em nossa vida ou um animal de estimação de quem tenhamos recebido lealdade e amor incondicional.

Todos nós nascemos para o amor.
Ele é o princípio da existência
e sua única finalidade.

— BENJAMIN DISRAELI

Conclusão

Onde existe livre-arbítrio, deve haver liberdade de escolha, e a primeira escolha que cada um de nós faz, mesmo antes de chegar a este plano, é a escolha dos pais. Isso significa que somos nós os responsáveis pelos rumos da nossa vida. Não teríamos livre-arbítrio e liberdade de escolha se não fossem importantes para a evolução da nossa alma. Embora possa não ser claro para nós, enquanto estamos aqui na Terra, o caminho que escolhemos é determinado pela lição ou pela experiência de aprendizado de que a nossa alma individual precisa para poder passar para o nível kármico seguinte e continuar sua jornada perene de evolução. Espero que você tenha aprendido um pouco mais sobre como o Programa Anímico se manifesta na sua vida e como você pode afetá-lo com as escolhas que faz ao lidar com as experiências da vida. Também espero que aceite, se não de maneira completa pelo menos um pouco mais, que tudo acontece por uma razão. Acima de tudo, espero que você tenha começado a ver como os encontros com a morte e a comunicação com os seus entes queridos que já faleceram podem esclarecer e afetar profundamente a trajetória da sua alma aqui na Terra.

Como cada morte nos afeta de um jeito diferente, e pelo fato de nosso relacionamento com um ente querido falecido ajudar a determinar o tipo de aprendizado que vivenciaremos, prefiro pensar que você está acabando a leitura deste livro com um pouco mais de paz no coração e compreensão da morte, da vida após a morte e dos acontecimentos que cercam a sua vida. Nenhuma morte deixará de nos afetar e transformar, mas o modo como seremos transformados em cada circunstância pode ser a mais profunda lição de todas.

O espírito de nossos entes queridos – os DSs – estão aqui para nos ajudar no que for possível. Isso porque o amor que sentem por nós não acaba só porque eles morreram. Embora tenham concluído sua vida neste plano, eles interrompem sua jornada no outro para voltar e se comunicar conosco a partir do mundo espiritual. Mesmo que nossos relacionamentos com eles tenham sido difíceis ou tumultuados enquanto estavam vivos, sua energia e amor nunca morrem. Não é só a vontade deles, mas também seu dever fazer-nos saber que eles estão bem e que não devemos deixar que seu falecimento nos impeça de seguir em frente e continuar a viver.

Se você ainda não fez esse contato com um ente querido do mundo espiritual, não se preocupe, pois a sua hora chegará. As comunicações do mundo espiritual são sempre mais abstratas, simbólicas e abertas a interpretação, e aqueles que tinham dificuldade para expressar seus sentimentos ou pensamentos com clareza quando vivos não passam de repente a se comunicar melhor depois da morte. Mas eles se comunicarão com você – no momento certo – caso seja isso que você precisa ou quer. Nós, os vivos, podemos tornar isso muito mais difícil para eles se fizermos ouvidos moucos e nos recusarmos a ouvir o que eles têm a dizer simplesmente porque eles não estão dizendo exatamente o que esperávamos ou queríamos ouvir.

Eu sempre incentivo as pessoas a tentar resolver os problemas que possam ter com seus entes queridos enquanto eles ainda estão vivos. As pessoas que fazem parte da nossa vida estão sempre presentes por alguma razão – porque elas têm algo a nos ensinar; porque temos algo a lhes ensinar; porque as jornadas da nossa alma têm pontos em comum – e é mais sábio tentar aprender essas lições nesta vida em vez de carregá-las conosco para a próxima. Infelizmente isso nem sempre é possível. O que eu sei, com certeza, é que sejam quais forem as dúvidas que ainda possamos ter com relação à nossa vida, existe uma razão para ela ser assim e ela será esclarecida quando estivermos no plano espiritual.

Está na hora de tomarmos uma decisão. Continuaremos satisfeitos, vivendo na ignorância e na negação, sem nos dispor a resolver nossas questões em aberto? Este é um momento em que todos e cada um de nós estamos sendo convocados a mostrar mais dedicação aos nossos entes queridos, aos nossos relacionamentos, à nossa vida e a nós mesmos. Estamos sendo convocados a aprender a viver e a expressar a nossa verdade com amor, compaixão, compreensão e disposição para perdoar. Os outros e a nós mesmos. Estamos no empolgante limiar entre o novo e o velho, entre a luz e a escuridão, entre a ilusão e a verdade e entre a aventura e a complacência. Eu acho que isso é bárbaro! Não há dúvida de que existe uma razão para nos encontrarmos neste momento do tempo. Nós o criamos.

Enquanto estou aqui, acredito que o poderoso dom que recebi vem acompanhado de responsabilidade, que é dar amor e viver o amor neste plano. Essa é a essência do meu trabalho. Creio que a lição mais importante que podemos aprender ao lidar com a morte e a vida seja o fato de que todos nós temos a responsabilidade de demonstrar consideração, compaixão e amor. Os DSs sabem disso, e eu espero que, depois de ler este livro, você também entenda melhor o poder e a paz que podem advir da energia imorredoura do amor, e que você também entenda que tudo tem uma razão de ser.

Sobre a autora

SUZANE NORTHROP é uma médium e especialista em fenômenos psíquicos reconhecida internacionalmente. Ela descobriu seu "dom" quando ainda pequena e, durante os últimos 25 anos tem lançado mão dele para ajudar a construir uma ponte entre o mundo dos vivos e o mundo espiritual. Suzane faz uma contribuição inigualável para a literatura, sempre crescente, sobre a comunicação com as almas que já passaram para o plano espiritual. Em vez de simplesmente relatar histórias colhidas no seu dia a dia de trabalho, ela assumiu a missão de transmitir seu conhecimento de que todos nós estamos aqui na Terra, nesta vida, por uma razão, e essa razão é cumprir mais uma etapa da jornada infindável da nossa alma.

Suzane viajou por todos os Estados Unidos e Grã-Bretanha fazendo palestras e seminários a grupos de centenas de pessoas, em universidades e centros de pesquisa. Ela já ajudou milhares de pessoas, por meio de seus seminários e sessões particulares, a entrar em contato com seus entes queridos que já se foram, trazendo alívio e esclarecimentos com relação ao mundo espiritual.

Além disso, Suzane utiliza seu dom atuando como consultora para departamentos de polícia de várias cidades dos Estados Unidos, inclusive Nova York, Washington e Los Angeles.

As capacidades impressionantes e acuradas de Suzane foram temas de vários programas de rádio e TV de canais como Fox Family Channel e The Discovery Channel. Suzane também participou do documentário da HBO intitulado *Life after Life*, sobre o estudo da sobrevivência da consciência após a morte física. Além disso, atuou como consultora de Demi Moore no filme A Mulher do Açougueiro e foi apresentadora do piloto de um programa de TV a cabo. Suzane também é uma talentosa musicista e compositora.